안드로메다에서 찾아온 ② 과학개념

안드로메다에서 찾아온 2

과학 개념

초판 1쇄 인쇄 2013년 8월 2일
초판 1쇄 발행 2013년 8월 9일

글쓴이 김진욱
그린이 조국희
펴낸이 김두희

총괄이사 허두영
기획·편집 변유경 진숙현 송지혜
디자인 최은영
마케팅본부장 이경민
출판마케팅팀장 김재필
출판마케팅팀 이상민 이정희 이성우 김지원
제작 박주현
인쇄·제본 삼조인쇄
용지 에코페이퍼

펴낸곳 (주)동아사이언스
등록일 2001년 3월 15일(제312-2001-000112호)
주소 (120-715) 서울시 서대문구 충정로 29 동아일보사옥 16층
전화 (편집) 02-3148-0833 (마케팅) 02-3148-0773
팩스 02-3148-0809
이메일 books@dongaScience.com
홈페이지 www.dongaScience.com

ISBN 978-89-6286-136-5 (64400)

※ 책 가격은 뒤표지에 있습니다.
※ 잘못된 책은 바꿔 드립니다.

과학동아북스

과학동아북스는 과학문화창조기업 (주)동아사이언스의 출판 브랜드입니다.
다양한 콘텐츠를 바탕으로 유익한 과학책을 만들고자 노력하고 있습니다.

안드로메다에서 찾아온 2 과학개념

배달 개념 화산과 지진, 동물과 식물의 세계

과학동아북스

추천하는 말

소금을 그릇에 담으면 모양이 변하는데 왜 액체가 아닐까?

달빛은 밝은데 왜 달은 왜 광원이 아닐까?

용암과 마그마의 차이는 무엇일까?

과학을 공부하다 보면 누구나 한 번쯤은 위와 같은 궁금증을 가져봤을 거예요. 교과서나 참고서에 나온 용어 풀이를 보면서 궁금증을 속 시원히 해결할 수 있다면 좋지만 그렇지 않은 경우도 많아요. 용어를 외우기에만 급급해 그 원리를 이해하지 못하고 금방 잊어버리고 말지요.

하지만 과학은 우리 주변에서 쉽게 발견할 수 있어요. 우리나라에서 가장 높은 백두산과 제주도의 한라산은 화산 폭발로 만들어졌고, 이 화산 폭발은 내부에서 끓고 있던 마그마가 땅 위로 솟아올라 일어납니다. 여름에 우는 매미와 가을철 들판을 날아다니는 고추잠자리는 알에서 깨어나 애벌레를 거쳐 성충으로 탈바꿈하는 성장 과정을 거쳐요. 번데기 과정을 거치는 곤충도 있고 그렇지 않은 곤충도 있지요. 과학은 우리가 살아가는데 필요한 기본 지식과 능력을 습득하고 창의적으로 일상생활을 할 수 있도록 도와주어요. 하지만 교과서에는 어린이들이 이해하기에 복잡하고 어려워 보이는 개념들이 많아서 시험을 칠 때마다 곤란을 겪는 과목 중의 하나입니다.

「안드로메다에서 찾아온 과학 개념」은 어렵고 골치 아픈 과학 교과서 속 개념을 저 멀리 우주에 있는 안드로메다로 날려 보낸 지구 어린이들의 이야기로 시작됩니다. 바로 나의 이야기이면서 내 친구의 이야기이기도 하지요.

이 책에는 개념을 다시 주인에게 돌려주기 위해 지구를 찾아온 안드로메다 특수요원 아작과 메타가 등장합니다. 그리고 개념을 가로채 지구를 위험에 빠뜨리고 우주를 정복하려는 악당 원팍과 투팍 형제가 펼치는 좌충우돌 무용담(?)이 담겨 있습니다. 어린이들은 책을 읽으면서 골치 아픈 개념을 날려 보낸 어린이도 되었다가 안드로메다의 아작과 메타 요원도 되어 보고, 때로는 우주 악당도 되어서 깔깔깔 웃으며 신 나고 재미있게 과학 교과의 중요한 개념들을 익히게 될 거예요.

이 시리즈는 어린이들이 스스로 탐구하며 배우는 학습력을 키워 주고, 학부모에게도 자녀의 과학 공부에 도움을 주는 지침서가 될 것입니다.

기획 위원 이희란, 노영란

글쓴이의 말

왜 사람들은 개념을 안드로메다로 보낸다고 표현할까요?

가까운 산이나, 바다도 아니고 무려 230만 광년이나 떨어진 안드로메다 은하로 말이죠. 글을 쓰기 전, 먼저 이 질문에 대해 한참을 고민했습니다. 개념은 일반적으로 어떤 사물에 대한 뜻이나 내용을 가리켜요. 이렇듯 기본적으로 알고 있어야 하는 개념을 도저히 되찾아 올 수도 없는 멀고 먼 곳으로 보내 버렸다는 의미겠지요.

이 책에 등장하는 아이들은 어느 날 택배 상자를 들고 자신들을 찾아온 안드로메다 특수 요원들을 만나요. 택배 상자 안에는 안에는 아이들이 안드로메다로 보내 버린 개념을 담은 큐브가 들어 있습니다. 하지만 그 개념 큐브를 노리는 우주 악당도 있습니다. 악당은 개념 큐브로 만든 바이러스로 지구를 혼란 속에 빠뜨리려고 하지요. 처음에 아이들은 개념을 찾는 일에 시큰둥하다가 우주 악당과 대결하면서 자신 앞에 놓였던 고민들까지 해결되는 기쁨과 감동을 맛보지요.

학습 개념을 설명하는 건 어렵지 않습니다. 하지만 그 개념을 제대로 이해하는 것은 어렵습니다. 이 책에서는 억지로 개념을 외우게 하지도, 설명식으로 풀어 놓지도 않았습니다. 대신 관련 개념으로 펼쳐진 상황 속으로 들어가 그 안에서 신 나는 모험을 즐길 수 있도록 했습니다. 개념과 놀며 자연스레 이해하는 것에 중점을 둔 것입니다.

밤하늘의 별들을 가만히 보세요. 그 가운데 안드로메다 은하에서 유난히 반짝거리는 별이 있을 겁니다. 미래의 어느 날, 그 별에 살고 있는 안드로메다 요원들이 개념들을 잔뜩 싣고 여러분을 찾아올지도 모르는 일입니다. 그럴 때면 넙죽 받지 마시고 책 속의 아이들처럼 한 번쯤 튕겨 보세요. 그리고 함께 신 나는 모험을 해 보세요. 상상만으로도 즐겁지 않나요?

글을 쓰는 동안 제 발은 지구의 땅에 붙어 있었지만, 머리는 안드로메다에 가 있었습니다. 어쩌면 외계인이 한 명씩 방문해서 돌려주기 귀찮으니 저에게 찾아왔을지도 모르는 일이지요. 더 많은 친구들이 책으로 재미있게 개념 공부를 할 수 있다면, 언제든지 안드로메다 인에게 제 머리를 빌려 줄 거예요.

좋은 책이 나올 수 있도록 힘껏 도와주신 초등학교, 중학교 선생님들께 감사드립니다.

김진욱

차례

4장 동물의 세계 속으로

5장 동물과 식물이 사는 법

6장 다시 돌아온 평화

주요 등장 인물

아작&메타

안드로메다 국왕 직속
개념 배달 특수 요원

냉철하고 차분한 메타와
다혈질에 힘이 센 아작은
환상의 콤비를 보이며
지구 아이들에게 개념을
배달한다.

원팍&투팍 형제

개념 큐브 전문 털이범

우주 정복을 위해 전 행성을 황폐화시키려는 야망이 있다.
이번에는 지구를 멸망시키기 위해 감옥에서 탈출한다.

다맹글어 박사

화성에 사는 우주 최고 천재이자 악당 과학자

투팍과 지구로 내려가 지구 멸망 계획을 세운다. 하지만 아름다운 동식물의 매력에 그만 빠져 버리고 마는데…….

왕소심, 최첨단

과학 개념을 안드로메다로 보내 버린 지구 아이들

왕소심

최첨단

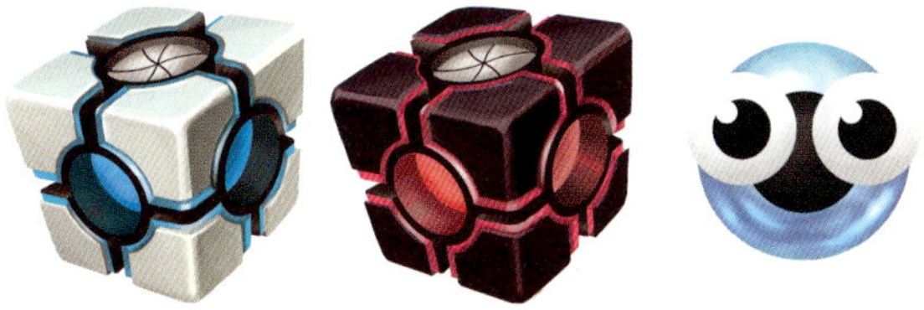

화이트 큐브, 블랙 큐브, 개념 원구

특수 요원은 화이트 큐브에 원구 모양의 개념을 넣어 아이들에게 전달한다. 아이들이 개념을 떠올릴 때마다 큐브의 한쪽 면에 불이 들어오고 개념이 모두 돌아왔을 때 비로소 큐브 뚜껑이 열리며 아이들에게 되돌아간다. 하지만 원팍, 투팍 형제가 가지고 있는 블랙 큐브에 개념 원구가 담기면 세상을 어지럽히는 바이러스를 만들어 낼 수 있다.

개념 배달 보고서

☑ **수신** : 안드로메다 국왕

☑ **발신** : 지구로 강제 파견된 아작과 메타

☑ **주요 배달 내용**

- 나호킹: 물질, 물체와 혼합물, 자석의 개념
- 홍현귀: 열의 전달, 빛과 그림자 개념
- 그 외 여러 명

☑ **배달 특이 사항**

- 새로운 악당 다맹글어 박사가 투팍과 손을 잡고 개념 배달 임무를 방해하였음.
- 아작과 메타의 슬기로운 대처로 무사히 위기를 넘기고 개념을 주인에게 돌려주었음

☑ **기타 의견**

우주선 좀 바꿔 주길 바람. 제발!

프롤로그

"흠, 이 정도면 됐나?"

메타가 보고서 작성을 마무리 지으며 혼자 중얼거렸다. 안드로메다 국왕은 요원들에게 개념 배달 보고서를 일주일에 한 번 제출하라고 명했다. 하지만 메타는 매일 보고서를 작성하고 있었다. 국왕을 귀찮게 해서 새 우주선을 받고야 말겠다는 심산이었다. 얼마나 열심히 일하고 있는지를 알려서 새 우주선을 받을 수만 있다면 그깟 보고서 쓰는 일 쯤은 아무것도 아니었다. 특

히나 안드로메다에서는 '최신식 럭셔리 우주선'이 개발되었다고 한다. 그 우주선만 있다면 폼 나게 개념을 배달할 수 있을 거라는 생각에 메타는 들떠 있었다.

"메타, 점심 먹자!"

매콤하고 달콤한 냄새가 우주선에 진동했다.

"우아, 이번엔 무슨 음식이야?"

메타는 입에 고인 침을 꿀떡 삼키며 아작이 들고 있는 종이 상자를 받아 열었다. 상자 안에는 빨간 양념으로 버무린 닭고기가 들어 있었다.

"어제 새벽에 너무 배가 고파서 잠이 안 오더라고. 뭘 좀 사 먹으려고 마을에 내려갔는데 새벽까지 이걸 파는 가게가 있는 거야. 그래서 한번 사 먹어 봤지. 그런데 이건……, 말로 표현할 수 없는 환상의 맛이야! 우주 최대의 발견이라고나 할까?"

아작이 열심히 설명을 하고 있는데 이미 메타는 정신없이 닭다리를 뜯고 있었다. 아작도 뒤질 새라 닭 다리 하나를 들어 입안에 넣었다.

"안드로메다에 돌아가면 지구 맛집 기행이라는 책이나 써 볼까? 베스트셀러가 될 것 같지 않아? 히히."

아작은 지구에 와서 먹은 음식들을 손에 꼽아 보았다. 흑돼지구이, 순대국밥, 김치찌개, 떡볶이, 햄버거, 피자, 스파게티, 짜장면, 우동 등등. 100가지는 넘는 것 같았다. 그때 뒤에서 헛기침 소리가 났다.

"흠흠."

두 요원은 국왕의 목소리를 알아차리고 얼른 차렷 자세를 취했다. 조종석 모니터에 떠오른 홀로그램 안에서 국왕이 의심쩍은 얼굴로 요원들을 바라보고 있었다.

"보고서는 잘 받았네. 그런데 지금 뭘하고 있는 건가?"

아작이 큰 소리로 대답했다.

"지구의 문화와 역사, 과학 기술 등에 대해 연구하고 있었습니다!"

"호오, 연구를 하고 있었단 말이지?"

"네, 아이들에게 개념을 올바르고 신속하게 전달하기 위해서는 우리 요원들도 공부를 해야 한다고 생각합니다."

아작이 준비된 대답을 술술 늘어놓자 국왕은 인상을 구기며 말했다.

"자네 입술에 묻은 고기 조각이나 떼고 말하게."

"보, 보셨습니까? 헤헤."

아작이 민망한 웃음을 지으며 손등으로 입가를 슥 닦았다.

"등 뒤에 뭘 감춘 건가?"

아작과 메타가 서로 눈치를 보며 손을 앞으로 내밀었다. 요원들은 살을 거의 다 발라 먹은 닭 뼈를 들고 있었다.

"그게 뭔가?"

"지구인들이 닭으로 만든 양념 통닭이라는 건데 정말 기가 막히게 맛있습니다. 아마 국왕님도 드셔 보시면 반하실 겁니다. 안드로메다에 양념 통닭 체인점을 내면 아주 잘될 것 같은데……."

"쯧쯧, 먹느라 바빠서 크립톤 행성 소식은 귀에 들어오지도 않았겠군."

"무슨 큰일이라도……?"

"크립톤 인들이 무분별하게 자원을 사용하는 바람에 행성의 균형이 무너져 폭발해 버렸다네."

"헉, 그렇다면 행성의 주민들은요?"

아작과 메타가 놀란 눈을 하고 물었다. 국왕이 무겁게 고개를 저었다.

"폭발과 함께 모두 다 사라져 버렸지."

메타는 손에 땀이 고였다. 별 하나가 또 수명을 다한 것이다.

"지구도 안심할 수 없어."

예상하지 못한 국왕의 말에 요원들이 깜짝 놀라 말했다.

"그게 무슨 말씀이십니까?"

"다맹글어 박사가 지구에 있다고 했지? 지금쯤 크립톤 행성의 폭발 소식이 다맹글어 박사 귀에도 들어갔을 거야. 크립톤 행성처럼 지구를 폭발시키려는 계획을 이미 세웠을지도 모른다고."

"어, 어떻게요?"

아작은 지구 폭발이라는 말을 듣는 순간 손에 들고 있던 닭 뼈를 바닥에 툭 떨어뜨리고 말았다. 아직 못 먹어 본 지구 음식이 수두룩한데 그런 일이 일어나게 할 수는 없었다.

"그걸 내가 어떻게 알겠냐? 다만 한 가지 걸리는 것이 있어. 지구의 표면인 지각을 '판'이라고 하는데, 이 판은 커다란 암석 덩어리로 이루어져 있어. 판은 몇 개로 쪼개어져 있고 그 깊숙한 곳에는 엄청나게 뜨겁고 끈적끈적한 '맨틀'이라는 액체가 흐르고 있다네. 맨틀이 움직이면서 판끼리 서로 부딪히는데 이때 화산이나 지진이 일어나기 쉽지."

국왕은 잠시 쉬더니 다시 말을 이었다.

"배달해야 하는 개념 중에 화산이나 지진과 관련된 것이 있다면 특별히 유의하게. 투팍이 그 개념을 가로채 바이러스를 뿌린다면 화산이나 지진이 심하게 일어나 지구도 크립톤 행성처럼 폭발해 버릴지 모르니까."

"네, 알겠습니다!"

국왕은 두 요원을 믿음직스럽다는 듯 바라보며 말을 이었다.

"그리고 개인적인 명령이 하나 있다. 밖으로 새어나가지 않게 특별히 주의하도록."

"뭡니까?"

아작과 메타가 긴장한 얼굴로 국왕을 바라보았다. 국왕은 주위를 두리번거리더니 작은 목소리로 속삭였다.

"그 양념 치킨이라는 것 말일세. 안드로메다로 돌아올 때 한 마리만 사 가지고 오게."

"네?"

"그럼 다들 몸조심하고, 난 이만."

아작과 메타가 당황하는 사이 국왕은 작별 인사를 하며 사라져 버렸다. 아작은 흩어지는 파란색 홀로그램을 보며 소리쳤다.

"계산은 누가 하고요!?"

1장

화산과 지진은 너무 무서워

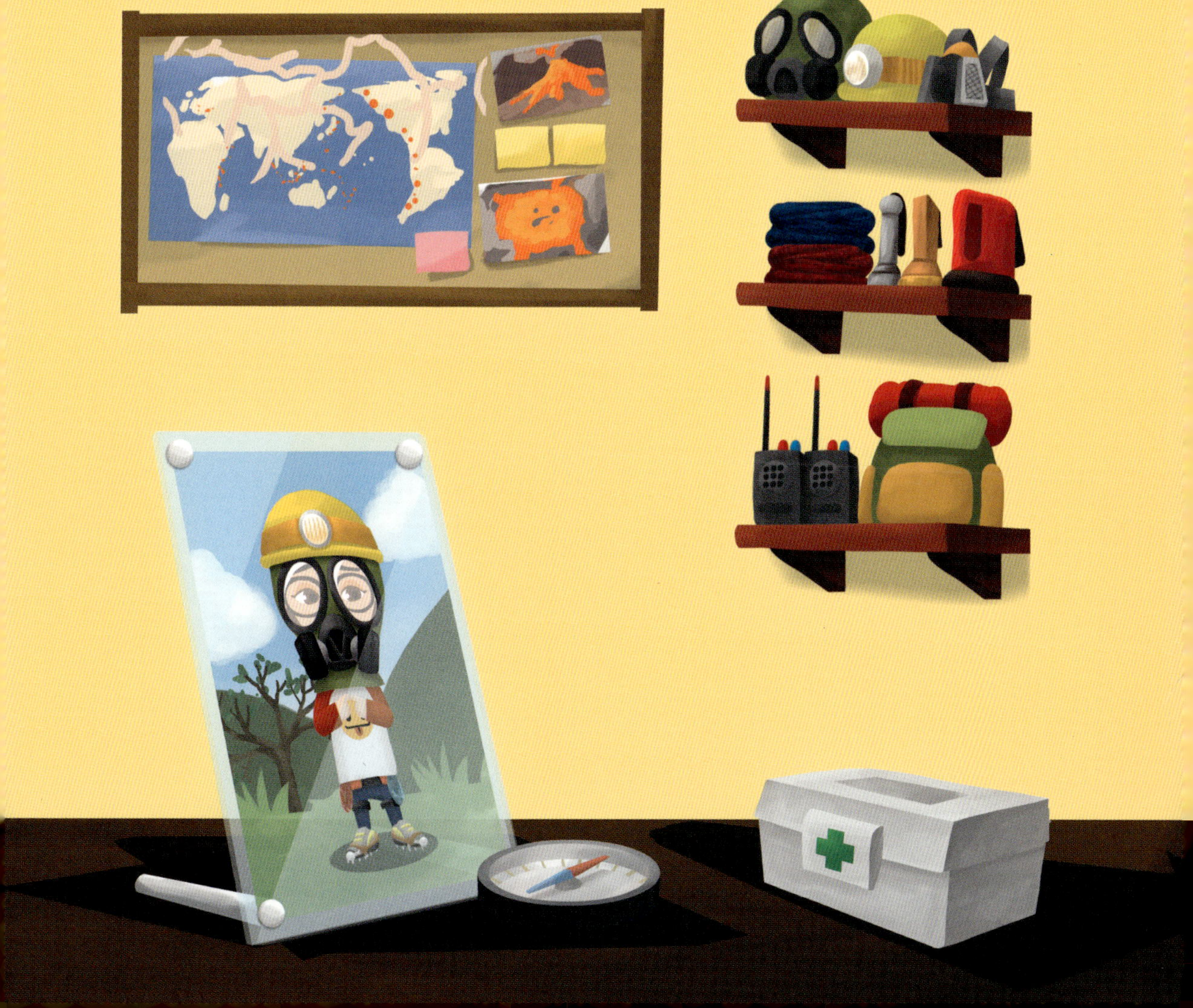

소심이는 왕소심해!

◎◎◎ "지구는 참 아름다운 별이야. 우주 공간에서 볼 때도 푸르게 빛나는 모습이 멋있었는데 지구의 자연환경은 더 환상적이야."

아작이 우주선 밖의 경치를 바라보며 중얼거렸다. 메타는 고개를 끄덕이며 동의했다. 이렇게 아름다운 지구가 사람들의 무개념과 악당의 우주 정복 야망 때문에 파괴될 수도 있다고 생각하니 새삼 어깨가 무거워졌다. 메타가 입을 열었다.

"하지만 예쁜 장미꽃에도 가시가 있듯, 아름다운 지구 곳곳에도 무서운 자연 현상이 있지."

"엥? 갑자기 무슨 말이야?"

"땅속에 숨어 있는 뜨거운 마그마가 땅을 뚫고 나와 세상을 덮치기도 하잖아. 또 지구 내부 에너지가 밖으로 나오면서 땅이 갈라지거나 푹 꺼지기도 하고 말이야. 엄청난 재앙의 가능성이 숨어 있는 거지."

"국왕님이 말씀하신 화산과 지진 말이지?"

아작의 말에 고개를 끄덕이던 메타는 갑자기 무언가 생각난 듯 택배 상자로 뛰어갔다.

"그러고 보니 화산과 지진 개념을 안드로메다로 보낸 아이가 있었어. 그 개념부터 빨리 돌려줘야겠는걸?"

택배 상자 더미를 한참 동안 뒤지던 메타는 상자 하나를 번쩍 들어 올리며 외쳤다.

"찾았다!"

"이번엔 어디에 사는 누구야?"

아작이 가까이 다가와 택배 상자를 받아 확인했다.

"제주도? 지난번 사회 개념을 돌려받은 안타요가 살던 곳이네."

메타가 반갑다는 듯이 말했다. 투팍이 뿌린 개념 바이러스 때문에 제주도의 교통이 엉망이 됐다가 겨우 정상으로 돌아왔던 사건이 떠올랐다.

"이번에는 어떤 사연을 가진 친구일까?"

"모르지 뭐, 그냥 공부하기 싫어서 개념을 보내 버린 녀석일지도."

둘이 이야기를 나누는 사이 우주선은 어느새 제주도 상공에 도착했다. 우주선 아래로 한라산의 분화구가 보였다. 높이 1,950미터의 한라산은 오랫동안 화산 활동을 쉬고 있는 휴화산이었다. 소심이의 집은 한라산 중턱 작은 마을에 위치하고 있었다. 벽돌로 만든 단독 주택이었고, 조립식 건물로 지은 작은 실내 정원이 딸려 있었다. 아작이 현관 벨을 눌렀다.

딩동! 딩동!

"누구세요?"

여자 목소리였다.

"개념 배달 왔습니다!"

아작이 문에 얼굴을 대고 큰 소리로 대답했다.

"무슨 배달이요?"

"소심이가 안드로메다로 보낸 개념을 다시 가져왔습니다."

"네? 개념이요?"

인터폰이 뚝 끊어지는 소리가 들리더니 실내 정원 문이 스르륵 열렸다. 현관 벨은 정원과 연결되어 있었던 것이다. 정원 안에서 소심이의 엄마로 보이는 사람이 나왔다. 아작과 메타는 곤란한 듯 서로를 바라보았다.

"소심이는 없나요? 직접 전해야 하는데……."

메타가 머리를 긁적이며 말했다.

"소심이는 지금 심부름 갔어요. 그냥 저에게 주세요."

소심이 엄마가 손을 내밀었다. 화초를 가꾸다 왔는지 손에는 흙이 잔뜩 묻어 있었다.

메타는 잠시 망설였다. 원래 개념 큐브는 주인에게 직접 전달하는 것이 원칙이었다. 그걸 무시한 채 아이의 엄마에게 개념 큐브를 부탁했다가 우주 악당 투팍이 집안 어른으로 변신해 개념을 가로챘던 일도 있었다.

메타는 소심이 어머니에게 양해를 구했다.

"소심이가 돌아올 때까지 기다려도 괜찮을까요?"

"그렇게 하세요."

소심이 엄마는 흔쾌히 허락했다.

집 안으로 들어간 아작과 메타는 거실 소파에 앉아 소심이 엄마와 대화를 이어갔다.

"정말 소심이가 보낸 개념이 안드로메다로 갔나요?"

소심이 엄마는 믿기지 않는다는 표정으로 두 요원을 번갈아 쳐다보았다. 메타는 고개를 끄덕였다.

"걱정되시죠? 개념을 하나라도 더 공부해야 하는 시기인데 오히려 안드로메다로 보내버렸으니……."

메타가 소심이 엄마의 마음을 달래기라도 하듯 말했다.

"후유."

소심이 엄마가 큰 한숨을 내쉬더니 말을 이었다.

"실은 제가 시킨 일이에요."

"네에?"

아작과 메타는 깜짝 놀라 동시에 외쳤다. 교육을 중요하게 생각하는 지구의 엄마들은 아이가 개념을 안드로메다로 보냈다고 하면 하나같이 정색했다. 그런데 소심이 엄마는 달랐다. 앞장서서 개념을 안드로메다로 보내라고 했다니……. 믿기 힘들었다.

"그게 다 이유가 있어요. 소심이가 쓰던 방을 한번 보세요."

소심이 엄마는 거실 옆에 있는 방문을 열었다. 방 안의 광경을 본 요원들은 충격으로 입이 쩍 벌어졌다. 예쁜 침대와 귀여운 인형 등으로 꾸민 방일 거라 상상했는데 소심이의 방은 마치 지하에 만든 비상 대피소 같았다.

벽에는 방진 마스크와 비상용 밧줄, 방독면, 크기가 다른 손전등이 여러 개 걸려 있었고, 책상 위에는 비상 약품, 라디오, 지도까지 놓여 있었다.

"이게 다 뭐죠?"

아작이 놀란 듯 물었다. 소심이 엄마는 덤덤하게 대답했다.

"보시다시피 비상사태가 벌어졌을 때 사용하는 물품들이에요."

"아니 그런 물건들이 왜 소심이 방에 있어요?"

"소심이는 다른 아이들보다 겁이 아주 많답니다."

소심이 엄마가 이야기를 이어갔다.

"몇 년 전, 옆나라 일본에서 대지진이 일어난 적이 있어요."

"2011년 3월에 일어난 지진과 쓰나미 말이죠?"

메타가 아는 척을 했다. 소심이 엄마는 고개를 끄덕이며 말했다.

"자연의 힘은 정말 어마어마했어요. 뉴스에 나오는 장면들은 어른들이 봐도 너무 처참해서 밤잠을 설칠 정도였으니까요."

"그렇죠. 자연재해를 대비하는 기술은 점점 발달하고 있지만 막상 현실이 되었을 때 이겨내기가 힘든 게 사실이에요."

메타는 국왕이 말한 크립톤 행성을 떠올리며 말했다.

"일본 대지진 때문에 소심이가 겁을 잔뜩 먹었는데 하필 TV에서 화산 폭발 다큐멘터리를 방영하고 있는 거예요. 2010년에 일어난 아이슬란드 화산 폭발에 관한 내용이었죠. 그걸 본 소심이는 일상생활이 힘들 만큼 자연재해를 두려워했어요."

소심이 엄마는 우울한 표정이 되었다.

"그때부터 소심이는 매일 저에게 이사하자고 조르기 시작했어요. 아무래도 섬이다 보니 시시각각 변하는 날씨도 변덕스럽고, 한라산도 가까이 있으

니까 더 걱정된 모양이예요.”

“하지만 한라산은 오래전 활동을 멈추어 폭발할 가능성이 거의 없잖아요.”

“그러니까 답답하죠. 확실하지도 않은 정보를 철석같이 믿고 불면증에 걸릴 정도였으니……. 막 11살이 된 아이가 말이죠.”

메타와 아작은 믿기 힘들다는 표정이었다. 소심이 엄마는 책상 위에 놓인 액자를 보여 주었다. 사진을 본 아작과 메타의 눈이 휘둥그레졌다. 한 여자아이가 등산용 신발을 신고, 허리춤에는 밧줄을 차고, 손에는 커다란 손전등을 들고, 얼굴에 방독면을 쓰고 있었다.

"이 아이가 소심이인가요? 자연재해 체험 활동이라도 다녀온 건가요?"

메타가 사진을 유심히 살피며 물었다. 엄마는 고개를 저었다.

"아니요. 소심이의 평소 복장이에요. 그렇게 하고 학교를 다녔지요. 언제 화산이 터지고 지진이 일어날지 모르니 항상 대비를 해야 한다면서……."

아작과 메타는 기가 막혔다. 더 이상 놀랄 힘도 없었다.

"하루는 너무 답답해서 소심이에게 소리쳤어요. '너는 너무 많이 알고 있어서 문제야. 화산과 지진에 대한 개념 따위는 갖다 버려!' 라고요."

소심이 엄마의 표정이 점차 어두워졌다.

"그랬더니 소심이가 '맞아. 차라리 아무것도 모르는 게 나아!' 라고 하고는 정말 개념을 보내버리겠다고 하더라고요. 요즘 초등학생들 사이에서는 공부하기 싫은 개념을 안드로메다로 보내는 게 유행이라나……. 개념을 안드로메다로 보낸다는 게 가능한 일인지는 알 수 없었지만 그 후 소심이는 신기하게도 화산과 지진을 두려워하지 않게 되었죠. 이 방도 이제 곧 정리할 거예요. 소심이는 임시로 옆방을 쓰고 있거든요."

"그래서 안드로메다로 소심이의 개념이 배달됐군요."

메타의 말에 엄마가 고개를 끄덕이며 말을 이었다.

"소심이가 평범한 아이로 돌아와서 다행이지만 한편으로는 걱정이에요. 개념을 없애는 게 근본적인 해결책은 아닐 테니까요."

그 말에 메타가 소심이 엄마를 위로했다.

"걱정 마세요. 개념을 제대로 알게 되면 오히려 화산과 지진을 더 이상 무서워하지 않을 거예요."

"그럼 정말 다행이고요."

어두웠던 엄마의 얼굴이 조금은 밝아졌다.

"다녀왔습니다."

누군가 집 안으로 들어오는 소리가 났다. 소심이가 돌아온 것이다. 소심이는 엄마가 낯선 사람들과 같이 있는 걸 보고는 겁먹은 표정을 지었다.

"누구세요?"

용암과 마그마는 달라

◎◎◎ 엄마는 소심이에게 요원들과 나눈 이야기를 들려주었다. 메타가 소심이에게 개념이 담긴 화이트 큐브를 건네주려고 하자 소심이의 표정이 딱딱하게 굳었다.

"전 안 받을래요. 이제야 마음이 편안해졌는데……. 싫어요, 싫다고요!"

소심이가 울음을 터뜨렸다. 아작이 앞으로 나서며 달래듯 말했다.

"이해는 간다만, 너를 포함한 아이들이 개념을 자꾸 안드로메다로 보내 버리면 지구의 미래는 없어."

"지구의 미래가 저하고 무슨 상관이에요?"

소심이가 울먹이며 되물었다. 다혈질 아작의 얼굴이 붉은 신호등처럼 서서히 달아올랐다.

"왜 상관이 없어? 네가 계속 발을 딛고 살아야 할 행성인데!"

"개념이 없으면 지구가 멸망이라도 한대요?"

소심이는 눈물을 뚝뚝 흘리면서도 지지 않고 말했다. 메타가 슬슬 흥분하려는 아작을 진정시키며 대신 끼어들었다.

"그럴 수도 있어. 이건 특급 비밀이지만 말이야."

메타는 주위를 두리번거리더니 은밀하게 속삭였다. 지구인의 개념 원구를 빼앗아 지구를 무개념 행성으로 만들어 결국은 멸망시키려는 우주 악당의 속셈을 말이다. 메타의 이야기를 듣고 난 소심이가 물었다.

"그러니까 제가 개념을 빨리 찾지 않으면 우주 악당이 제 개념으로 나쁜 일을 꾸밀지도 모른다는 건가요? 예를 들어 화산 폭발이나 지진 같은?"

"바로 그거야."

메타가 무릎을 탁 치며 말했다.

"그래도 전 다시 예전으로 돌아가고 싶지 않아요. 우주 악당이 사고를 치면 그때 다시 오든지 하세요."

"그땐 이미 늦어!"

아작의 얼굴은 마치 화산 폭발 직전처럼 시뻘겋게 변했다. 첫 배달부터 지구 아이들과 실랑이를 할 때마다 어김없이 얼굴이 달아올랐다.

"지금 아저씨 얼굴이 꼭 화산 같은 게 마그마라도 흘러나올 것 같아요. 어디로 튀어나올까? 콧구멍?"

소심이가 언제 울었냐는 듯 킥킥대며 말했다.

"개념을 돌려주려고 230만 광년이나 떨어진 곳에서 날아온 이 안드로메다 특수 요원 아작 님을 놀리다니. 이 버르장머리 없는 녀석! 너 이리 와, 이리 오라니까!"

아작이 소리를 버럭 지르며 소심이를 잡으려 우왕좌왕했다. 메타가 그

사이로 슬쩍 끼어들었다.

"잠깐, 잠깐. 진정해, 아작. 하루 이틀도 아니고 뭐……. 그런데 소심이 너 마그마라는 단어를 아직 기억하는구나? 그럼 마그마와 용암의 차이가 뭔지도 기억하니?"

소심이가 관심 없다는 듯 대충 말했다.

"똑같은 거 아닌가요? 화산 폭발할 때 나오는 붉고 뜨거운 액체요."

"아니야. 엄연한 차이가 있어. 마그마는 땅속 깊은 곳에서 높은 열 때문에 암석이 녹은 물질이고, 용암은 화산 밖으로 분출된 마그마를 가리키는 말이거든."

"그럼 저건 용암이네요?"

소심이가 손가락으로 어딘가를 가리키며 물었다.

"용암이라니?"

메타는 소심이가 가리키는 곳을 돌아봤다. 아작의 한쪽 콧구멍에서 빨간 코피가 주룩 흘러내렸다. 너무 흥분해서 코 안의 실핏줄이라도 터진 모양이었다. 메타는 자기도 모르게 웃음을 터뜨렸다. 아작은 학습 도구로서 훌륭한 역할을 하고 있었다.

"그래, 용암이로구나. 하하하!"

아작이 손등으로 코를 스윽 닦았다.

"으아악, 이게 뭐야!"

아작은 손등에 피가 묻어 나오자 깜짝 놀라 그 자리에서 방방 뛰었다. 그러자 이번에는 방바닥이 쿵쿵 흔들렸다.

"지진이라도 난 것 같네요."

소심이 엄마가 아작에게 휴지를 건네며 말했다. 용암 아니, 코피를 닦는 아작을 보며 메타가 말을 이었다.

"지진은 땅의 표면에 가해진 힘 때문에 일어나는 게 아니에요. 지구 내부에 있는 에너지 때문에 생기죠. 우드락을 여러 장 겹쳐 양손으로 밀면 휘어지다가 끊어지듯이 실제 지층도 지구 내부의 힘을 받아 휘어지기도 하고 끊어지기도 하죠. 우드락이 끊어질 때 잡고 있던 손이 떨리듯이, 지층이 끊어질 때 지진이 발생해요."

"그럼 저 외계인 아저씨한테서는 화산만 볼 수 있나요? 아쉽다. 지진도 보고 싶었는데, 크큭."

소심이는 계속해서 터져나오는 웃음을 참지 못하고 연신 킥킥댔다.

"뭐야?"

아작이 코피를 닦으며 소심이에게 눈을 부라렸다. 메타는 아작에게 침착하라는 눈짓 신호를 보낸 후 소심이를 타이르듯 부드러운 목소리로 설명을 이어갔다.

"화산과 지진은 둘 다 지구 내부에서 벌어지는 지극히 자연스런 현상이야. 화산과 지진이 일어나는 원인을 정확히 파악해야만 피해를 줄일 수 있지. 그래서 화산과 지진에 관한 개념을 제대로 알아야 하는 거고."

메타의 말을 들은 소심이는 생각에 빠졌다. 그동안 뉴스와 다큐멘터리에 나온 화산과 지진 피해 현장을 보고 두려워만 했지 화산이나 지진에 관해 아는 게 별로 없었다. 메타의 말대로 화산과 지진의 개념을 정확히 이해한다면 피해를 미리 막을 수 있을지도 모른다는 생각이 들었다.

"좋아요. 아저씨 말대로 해요. 대신 조건이 있어요."

"조건?"

"책을 보고 개념을 떠올리긴 싫어요. 화산을 직접 보고 싶어요."

갑작스러운 제안이었지만 그리 어려운 부탁은 아니었다. 소심이가 개념을 돌려받기로 마음을 바꾼 것이 오히려 다행이었다.

"좋아. 그럼 우리 우주선을 타고 화산으로 가 보자."

"와, 정말요?"

소심이는 우주선이라는 말에 무척 기뻐했다. 그러자 소심이 엄마가 걱정스러운 얼굴로 물었다.

"괜찮겠어? 화산을 그렇게 무서워했으면서."

"예전 일이잖아. 걱정하지 마. 엄마."

소심이가 웃으며 말했다.

소심이 엄마와 작별 인사를 한 뒤 우주선으로 가면서 아작과 메타는 끊임없이 주변을 살폈다.

"왜 그렇게 두리번거려요?"

소심이도 두 요원을 따라 주변을 둘러보며 말했다.

"우주 악당이 언제 어디서 네 큐브를 노릴지 모르니까. 지금도 우리를 훔쳐보고 있을지 몰라. 화산에 다녀오는 동안 개념 큐브를 잃어버리거나 빼앗기지 않도록 조심해야 해. 알겠지?"

메타의 말에 소심이는 개념 큐브를 꼭 끌어안았다.

개념 정리

지층의 휘어짐과 끊어짐

우드락을 여러 장 쌓아 양쪽에서 밀면서 지층의 휘어짐과 끊어짐을 실험할 수 있다.
우드락은 지층, 손의 힘은 지구 내부의 힘에 해당한다.

우드락을 잡고 있을 때
양쪽에서 미는 힘이 작용하지 않으면 우드락은 평평한 상태를 유지한다.

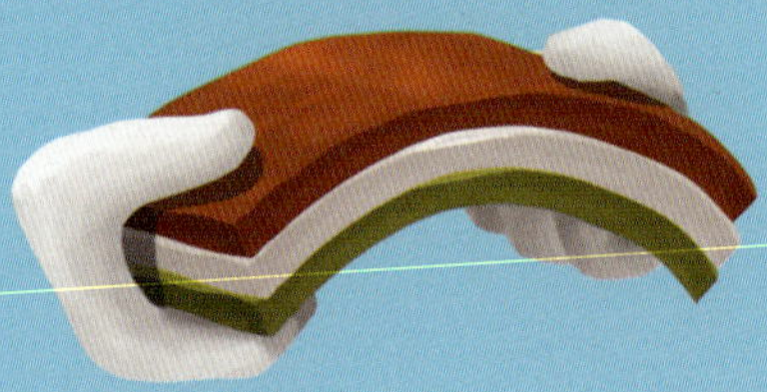

우드락을 약하게 밀었을 때
가운데 부분이 볼록하게 올라오고 양쪽은 오목하게 내려간다. 지층의 습곡에 해당한다.

우드락을 세게 밀었을 때
처음에는 휘어지다가 밀면 끊어진다. 지층의 단층에 해당한다.

우드락이 끊어질 때
우드락의 끊어진 부분과 우드락을 잡고 있던 손이 떨린다. 지층의 지진에 해당한다.

2장

화산이 나쁜 것만은 아니야!

우주 악당의 음모

"핫팩 좀 그만 집어넣어요!"

투팍은 아까부터 핫팩만 만지작거리는 다맹글어 박사에게 짜증이 났다. 몇 주 전, 박사는 핫팩의 성능을 실험한다며 우주선을 끌고 추운 남극으로 향했다. 투팍은 우주 정복은커녕 여기서 얼어 죽을 것 같았다.

이런 투팍의 불만을 알기나 하는지 다맹글어 박사

는 핫팩 사업으로 큰돈을 벌 생각에 실실 웃고 있었다. 그러다가 갑자기 투팍에게 말했다.

"이 정도면 핫팩의 성능은 훌륭해. 이제 그만 지구를 떠나는 게 어때?"

"지구를 왜 떠나요?"

투팍은 이대로 돌아갈 수 없었다. 지구를 멸망시키려는 원대한 꿈을 안고 왔건만 아직 지구의 털끝 하나도 못 건드리고 있었던 것이다.

"지구는 우리가 아무리 노력해도 끄떡없잖아? 할 만큼 했으니 이제 포기하고 돌아가는 게 좋겠어."

투팍은 어이가 없었다. 지구에 와서 자기가 한 일이 뭐가 있다고……. 고작해야 허술한 투명 우주선을 만들고 핫팩이나 챙겼을 뿐이었다. 아참, 현귀에게 만들어 준 합판 그림자도 있었지! 그건 정말 어처구니없는 발명품이었다. 그래 놓고선 지구를 떠나자고? 다맹글어 박사의 얼굴이 유난히 뻔뻔해 보였다.

'박사 님은 그냥 화성에 틀어박혀 우주 최고의 천재 악당이라는 전설적인 존재로 남는 편이 나을 뻔했어. 그랬다면 나도 이렇게 실망하진 않았을 텐

데…….'

투팍은 한숨을 쉬었다. 박사가 투팍의 마음을 눈치챈 듯 눈을 가늘게 뜬 채 물었다.

"혹시 지난번 실패를 내 탓으로 생각하는 건 아니겠지?"

"왜 아니겠어요?"

투팍은 속마음을 숨기지 않고 원망 섞인 말투로 대답했다.

"이 녀석아, 그게 왜 내 탓이야? 네 탓이지."

"그게 왜 내 탓이에요?"

"네가 그토록 애지중지하는 개념 큐브를 더 많이 훔쳐서 바이러스를 제대로 뿌렸으면 좋았잖아. 어설픈 녀석 같으니!"

"개념 큐브를 구하기가 어디 쉬운 줄 아세요? 특수 요원들이 눈을 부릅뜨고 있는데다가 지구 아이들은 어찌나 또 극성인지. 그게 그렇게 쉬운 일이면 박사님도 안 데려왔을 거라고요."

"너 말 잘했다. 화성에서 편히 살고 있던 나를 꼬드겨서 지구까지 데려온 게 누군데 이제 와서 딴소리냐?"

"박사님이라면 뭐든 잘할 줄 알았죠. 알고 보니 원팍 형과 별반 다를 게 없는 것 같네요."

"뭐라고? 이 우주 최강 발명가 다맹글어 박사를 그런 못난이 뚱땡이 원팍이랑 비교하다니!"

박사의 눈에서 분노의 불길이 화르르 타올랐다. 투팍은 말실수를 했다는 생각이 들었다. 누구라도 원팍 형이랑 비교를 당하면 기분이 나쁠 것이다.

"아, 그건 취소."

투팍은 바로 고개를 숙였다. 잠시 어색한 침묵이 흐르더니 박사가 불쑥 입을 열었다.

"이렇게 무시당하고 있을 수만은 없지, 암. 어쨌든 지구를 멸망시켜 버리면 되는 거 아니냐? 네가 바라는 게 그것이지?"

다맹글어 박사의 눈이 순간 번뜩였다. 그 눈빛을 본 투팍은 온몸에 찌릿하고 전기가 통하는 느낌이 들었다. 비록 핫팩을 팔아 우주 최강 부자가 되려는 헛된 꿈에 부풀어 있지만, 다맹글어 박사 역시 악당의 본성을 지니고 있었던 것이다. 다맹글어 박사가 나지막한 목소리로 물었다.

"저 우주에서 빛나고 있는 수많은 행성들이 어떻게 사라지는지 알고 있나?"

"저야 잘 모르죠."

"여러 가지 이유가 있지만 내가 가장 마음에 드는 방법은 바로 폭발이야. 행성 내부의 활동이 너무 강해져서 지표면이 그걸 이겨내지 못하고 빵! 하고 터지는 거지."

투팍은 고개를 갸웃거렸다.

"갑자기 그 이야기를 왜 하시는데요?"

"말귀를 못 알아듣네. 지구도 그렇게 만들자는 거야."

투팍은 입을 쩍 하고 벌렸다. 다맹글어 박사는 너무나 엄청난 이야기를 아무렇지도 않게 하고 있었다.

"그게 가능한가요?

“불가능한 이야기도 아니지.”

다맹글어 박사는 갑자기 실험복 안주머니에 대롱대롱 달려있는 공구들을 꺼내더니 무언가를 뚝딱뚝딱 만들었다. 잠시 후 박사가 완성한 것은 산 모형이었다.

“이게 뭐예요?”

“화산이지. 옛날 옛적 화성에도 있었어. 지금은 화산 활동이 있었다는 흔적뿐이지만 말이야.”

“이걸로 뭘 하시려고요?”

다맹글어 박사가 여러 가지 물질을 섞어 산 모형 안에 넣었다. 잠시 후 지

화산 분출물

화산 가스(기체)
대부분 수증기로 이루어져 있다.
화산 암석 조각(고체)
둥근 모양이며 촉감이 거칠다.
화산재와 화산진(고체)
작고 가벼워 대기 중에 머무르며 기후 변화를 일으킨다.
용암(액체)
마그마가 땅 위로 나온 것.
마그마(액체)
땅속 깊은 곳에서 암석 등이 녹아 있는 상태.

지직 소리가 나더니 화산 아래쪽에서 시뻘건 불꽃이 올라와 산 정상에서 터졌다. 작은 모형이었지만 폭발력은 제법 위력적이었다. 다맹글어 박사는 의기양양하게 말했다.

"이런 식으로 화산을 터뜨려 지구를 없애 버리는 거야!"

"화산 하나쯤 터뜨린다고 해도 지구는 끄떡 없을 걸요?"

"하나라니? 지구에는 화산이 수백 개나 있어. 그것들을 동시에 터뜨려야지. 그것뿐인가? 지하에서 대규모 폭발을 이용해서 인공 지진도 일으킬 거야. 지구는 한순간에 끝나는 거라고. 크하핫!"

투팍은 박사의 말에 감탄했다. 박사의 스케일은 상상 이상이었다. 없던 존경심이 불쑥 솟아날 지경이었다. 그런 투팍의 시선을 즐기며 박사는 말을 이었다.

"인간이 등장하기 전 지구의 지배자였던 공룡이 화산 폭발 때문에 멸망했다는 설도 있어. 화산이 터지면 용암이 흘러나와 주변을 초토화시키고 화산재가 하늘을 덮어 햇빛을 가리면 생명체가 살기 힘든 환경이 되거든."

거기까지 듣던 투팍은 자리에서 벌떡 일어나 우주선의 조종석으로 달려가 시동을 켰다.

"박사님, 당장 가서 화산을 견학하고 구체적인 계획을 세우는 게 어때요? 아호호홍홍!"

화산이 만든 온천 관광지

◎◎◎ 투팍 일행이 지금도 활동하는 화산을 찾아 도착한 곳은 일본의 아소산이었다. 분화구 안에서는 물이 부글부글 끓고 하얀 연기가 끊임없이 올라오고 있었다. 근처로 다가가자 유황 냄새가 우주선 안까지 진동했다. 펄펄 끓어 넘치는 옥색의 뜨거운 물이 보이고 더 가까이 다가가니 수증기에 가려 보이지 않았던 용암이 모습을 드러냈다.

"조금 더 자세히 봐야겠어요."

투팍은 문을 열고 밖으로 나가 우주선 날개 위에 걸터앉았다. 그때 부글거리던 용암이 퐁하고 투팍의 망토에 튀어 올랐다.

치이이익!

뜨거운 용암이 투팍의 망토에 구멍을 뻥 뚫었다.

"에이, 이거 비싼 건데……."

투팍은 툴툴거리며 안으로 다시 들어왔다. 그런 투팍을 보며 다맹글어 박사가 잔소리를 했다.

"그러게 왜 쓸데없이 나가서 말썽이냐? 화산은 그리 만만한 대상이 아니야. 방심하지 말라고."

투팍은 듣는 둥 마는 둥 하며 박사에게 손을 내밀었다.

"바늘하고 실 좀 줘요. 망토 꿰매게……."

"내가 바느질 달인도 아니고 바늘을 왜 가지고 다니겠냐?"

"옷 안에 별별 공구가 다 있는 것 같더니 바늘은 왜 없는 거예요?"

투팍은 투덜거리며 우주선의 고도를 높여 분화구 밖으로 빠져나가 아소 산의 중턱에 착륙시켰다. 우주선 문을 열고 나가려는 투팍을 보며 박사가 물었다.

"어디 가?"

투팍은 구멍 난 망토를 탁탁 털며 말했다.

"근처 마을에 가서 바늘하고 실을 훔쳐 올께요. 망토 꿰매고 가야죠. 우주 장인이 만든 하나뿐인 소중한 망토라고요!"

같은 시각 아소 산의 정상에 또 한 대의 우주선이 나타났다. 활동하는 화산을 제대로 보고 싶다는 소심이를 태운 안드로메다 요원들의 우주선이었다. 연기가 피어오르는 아소 산의 분화구를 보자 소심이의 얼굴이 창백해졌다.

"속이 울렁거려요."

메타가 아작에게 우주선을 돌리라고 말했다.

"그럼 어디로 갈까?"

아작이 우주선을 조종하며 물었다.

"산 아래쪽 마을로 가자. 그곳에서 좀 쉬어야 겠어. 소심이가 상태가 안 좋아."

메타의 말에 아작은 화산이 작게 보이는 마을 근처 숲 속에 우주선을 착륙시켰다. 우주선을 나온 요원들과 소심이는 마을로 들어갔다. 온천으로 유명한 마을이었다. 땅으로 내려오자 소심이도 편안해진 듯 했다. 주위를 두리번거리며 걷는 소심이를 보며 메타가 이야기했다.

"일본이 온천 관광지로 유명한 이유는 바로 화산 지대가 많기 때문이야. 화산에서 나오는 열을 이용하여 온수를 만들거나 난방을 하거나 전기를 생산하기도 하지."

"화산이 나쁜 것만은 아니네요. 그래도 역시 무서워요. 갑자기 폭발이라도 하면 이 많은 관광객들이 모두……. 아, 다시 속이 울렁거려요."

메타는 아작에게 작은 목소리로 소근거렸다.

"후유, 어떤 이야기를 해 줘야 소심이가 화산을 덜 무서워하려나?"

"화산 온천수로 삶은 계란이라도 먹으면 좀 좋아지지 않을까? 하하."

메타는 아작의 한심한 말에 고개를 절레절레 흔들었다.

"아, 그런데 소심아. 개념 큐브는 잘 가지고 있지? 아마 네 개념 큐브의 한 쪽 면에 불이 들어왔을 거야. 아까 집에서 화산과 지진에 관해 공부를 좀 했으니까 말이야. 주인이 개념을 하나씩 알아 가면 큐브는 바로 반응을 하거든."

소심이는 주머니를 뒤적거렸다.

"큐브가 없는데요? 우주선에 두고 왔나 봐요."

"이런, 큐브는 무척 중요한 거라고 항상 몸에 지니고 다니라고 했잖아."

아작의 잔소리에 소심이가 대수롭지 않게 답했다.

"뭐, 우주선에 있겠죠."

일행은 온천 마을을 한 바퀴 돈 뒤 우주선 쪽으로 발길을 돌렸다. 하지만 그들은 모르고 있었다. 지금 그 시각, 우주선에서 무슨 일이 일어나고 있는지!

투팍은 실과 바늘을 찾아 마을로 내려가고 있었다. 그런데 저편 숲 속에서 무언가 수상한 물체가 보였다.

"저게 뭐지?"

투팍은 호기심 어린 눈을 반짝이며 그곳으로 향했다. 물체의 정체가 드러나자 투팍은 깜짝 놀라 나무 뒤에 숨었다.

"안드로메다 요원 녀석들의 우주선이잖아. 어떻게 알고 여기까지 쫓아왔지?"

투팍은 몸을 돌려 도망치려 했다. 하지만 가만히 생각해 보니 우주선 주변이 너무 조용하다는 생각이 들었다.

"이상하다. 왜 이렇게 잠잠한 거지? 우주선 안에서 잠이라도 들었나?"

투팍은 용기를 내어 살금살금 다가가 우주선을 가볍게 두드려 보았지만 철판이 울리는 소리만 들릴 뿐 아무 반응이 없었다.

"이쯤되면 다혈질 아작 녀석이 얼굴이 붉어져 밖으로 튀어나와야 하는데?"

투팍은 중얼거리며 주위를 살폈다. 근처에서도 아무런 인기척이 없었다.

"오호, 그럼 우주선만 숨겨 두고 어디론가 갔단 말이지?"

투팍의 눈이 반짝 빛났다. 요원들의 우주선 안에는 아이들에게 전달할 개념 큐브가 있을 터였다. 투팍은 만능 열쇠로 우주선 문을 열고는 누가 볼세라 재빨리 우주선에 올랐다. 가슴이 쿵쾅쿵쾅 방망이질 치기 시작했다.

"뭐가 이렇게 낡았어?"

우주선 안을 둘러본 투팍은 눈썹을 찡그렸다. 여기저기 녹이 쓸고 곳곳에 청테이프가 붙어 너덜거렸다. 안드로메다의 정예 요원들의 우주선이라고 하기에는 너무 형편없었다.

"쯧쯧, 이런 고물 우주선을 타고 이 위대한 투팍 님을 잡으러 다닌 거야? 좋아, 이 투팍 님이 우주 정복의 위업을 달성하면 새 우주선쯤이야 공짜로

한 대 뽑아 주지. 아호홍홍!"

투팍 자신도 다맹글어 박사의 우주선에 얹혀 다니는 처지에 요원들을 동정하고 있었다. 우주선 구석구석을 살피던 투팍의 발에 무언가 걸렸다. 소심이의 화이트 큐브였다. 투팍은 뛸 듯이 기뻐하며 큐브를 주워 들었다. 큐브 한 면이 환하게 빛나고 있었다.

"이게 웬 득템?"

투팍은 큐브를 너무 쉽게 손에 넣어 어안이 벙벙했다. 볼을 꼬집어 보았지만 꿈이 아니었다. 하지만 더 큰 행복이 기다리고 있었다. 우주선 뒤쪽에 배송 전인 지구 아이들의 개념 택배 상자가 한가득 쌓여 있던 것이었다.

"우아!"

투팍의 입에서 침이 줄줄 흘러내렸다. 손등으로 침을 슥 닦은 투팍은 개념 택배가 쌓인 곳으로 다가가 덜덜덜 떨리는 손으로 택배 상자 하나를 집어 들었다. 박스를 뜯자 순백의 화이트 큐브가 튀어나왔다.

"앗싸, 또 하나!"

투팍은 양손에 화이트 큐브를 하나씩 들고 덩실덩실 춤을 추었다. 큐브를 한꺼번에 두 개나 얻은 것은 정말 오랜만이었다.

"가만 있자. 내가 지금 뭐하고 있는 거야? 개념 큐브가 저렇게 많이 쌓여 있는데. 녀석들이 오기 전에 얼른 챙겨 가야지. 아호호홍홍!"

투팍이 택배 상자로 다가가 손을 뻗으려 할 때였다. 멀리서 몇 사람이 떠드는 소리가 들렸다. 투팍은 행동을 멈추고 귀를 쫑긋거렸다. 요원들의 목소리였다.

투팍은 아쉬움에 발을 동동 굴렀다.

"벌써 돌아올 게 뭐람?"

큐브를 몇 개 더 챙기고 싶었으나 모험을 할 수는 없었다. 투팍은 큐브 두 개를 쫄쫄이 바지 주머니 안에 챙겨 넣고 창문 앞으로 바짝 붙어 밖을 살폈다. 다행히 아직 요원들은 멀리 있었다. 투팍은 우주선에서 뛰어내린 뒤 반대 방향으로 잽싸게 도망쳤다.

도둑맞은 개념 큐브

◎◎◎ 투팍이 사라지고 얼마 지나지 않아 안드로메다 요원 일행과 소심이가 나무 사이로 모습을 드러냈다. 가장 먼저 도착한 메타가 우주선의 문이 열려 있는 걸 보고 고개를 갸웃거렸다.

"문 안 닫고 갔어?"

"그럴 리가. 고장 난 건가?"

아작이 문고리를 잡아 흔들며 말했다.

"이상한데……. 혹시 지구인들이?"

지구인들이 이 우주선을 발견했다면 큰일이다. 수상한 외계인으로 몰려 더 이상 지구에서 개념 전달을 하기 어려울지도 모른다. 요원들은 허둥지둥 우주선 안으로 들어갔다. 뒤에서 멀뚱멀뚱 요원들을 지켜보던 소심이도 따라 들어갔다. 요원들은 우주선 안 여기저기를 살폈으나 수상한 기운은 느껴지지 않았다.

"후유, 다행이다."

안도의 한숨을 내쉬던 메타는 바닥에 지저분하게 찢어진 택배 상자를 발견했다.

"엥, 저게 뭐야?"

박스를 주워 확인한 메타의 얼굴이 하얗게 질렸다.

"누군가 상자를 열어 개념 큐브만 쏙 가져갔어! 아직 배달도 못한 건데 어떡하지?"

아작도 달려와 메타가 들고 있는 상자를 살폈다.

"정말이네? 으, 우린 국왕님한테 엄청 혼날 거야."

아작은 다시 근신을 받을지도 모른다는 생각에 초조해졌다. 그때 소심이가 외쳤다.

"제 큐브도 안 보여요!"

"뭐라고?"

이 정도 사건이면 근신 정도로 끝나지 않을 지도 모른다. 아작이 최악의 상황을 상상하느라 얼굴이 붉그락푸르락하는 동안 소심이는 자기가 앉아 있던 곳을 서성이며 개념 큐브를 어디에 흘리지는 않았는지 확인하고 있었다. 메타가 소심이에게 다가와 물었다.

"우주선에 두고 내린 거 확실하니? 밖에서 흘린 건 아니고?"

"우주선 밖으로 들고 나가지 않았어요. 맹세해요!"

"이거 정말 큰일이군."

메타가 심각한 표정으로 중얼거렸다. 개념 큐브를 잃어 버리다니……. 그것도 두 개씩이나! 특수 요원의 수치였다. 메타는 없어진 개념 큐브가 더 있는지 서둘러 뒤쪽에 쌓여 있는 택배 상자 더미에 다가갔다. 불행 중 다행으로 사라진 개념 큐브는 더 이상 없었다.

"개념 큐브만 없어진 것을 보니 누구 짓인지 알겠군."

메타와 아작은 서로 마주 보며 고개를 끄덕였다.

"투팍 녀석을 빨리 붙잡아서 안드로메다 감옥으로 다시 보내야 해. 언제까지 이렇게 당할 수는 없다고!"

아작이 빠드득 이를 갈며 말했다. 그 옆에서 메타가 땅이 꺼질 듯 한숨을 쉬었다.

"그전에 잃어버린 큐브부터 찾아야지. 그런데 투팍 녀석이 가져간 게 어떤 개념이지? 소심이 것 말고 말이야."

메타는 찢어진 큐브 박스를 주워 이리저리 살폈다. 다행히 주소가 적힌 부분은 남아 있었다.

"최첨단이라는 아이가 보낸 '동물과 식물의 세계' 개념이야."

"첨단이에게 안 좋은 소식을 전하게 됐군."

아작이 미안하다는 듯 중얼거렸다.

"어쩔 수 없지. 그 개념 큐브로 개념 바이러스를 뿌리면 더 골치 아파지니까 말이야. 투팍이 못된 짓을 하기 전에 주인이 개념을 되찾도록 해야 해. 그리고……."

메타가 말을 하다말고 문득 뭔가 생각난 듯 소심이를 휙 돌아보았다.

"네 개념이 화산과 지진이지?"

소심이가 고개를 끄덕였다.

"그걸로 개념 바이러스를 만든다면 지구가 정말 위험해질 텐데 그것도 투팍이 가져갔으니……. 큰일이군."

마음이 급해진 아작이 우주선의 시동을 걸며 말했다.

"투팍 녀석의 위치를 알아내기 위해서는 소심이와 첨단이에게 개념을 빨리 탑재하는 수밖에 없어. 그래야 큐브 추적기로 위치를 추적할 수 있을 테니까!"

메타는 택배 박스에 붙어 있는 주소와 아이 이름을 다시 한 번 확인했다.

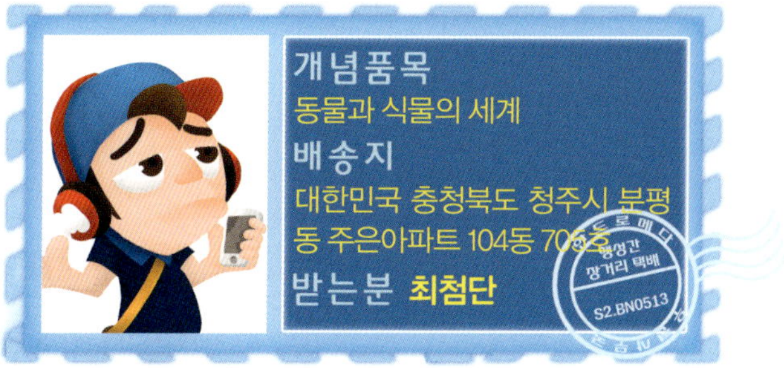

개념 정리

화산 분출물

화산 가스(기체)
대부분 수증기로 이루어져 있다.

용암(액체)
땅속 깊은 곳에 있던 마그마가 분출된 것이다.

화산 암석 조각(고체)
크기가 다양하다.

화산재(고체)
부드러우며 재와 비슷하다.

화강암과 현무암의 특징

	화강암	현무암
만들어지는 과정	마그마가 땅속 깊은 곳에서 서서히 굳어져서 만들어진다.	용암이 지표 가까이에서 빠르게 굳어져서 만들어 진다.
색깔	밝은 회색에 검은 반점이 있다.	검은색, 진한 회색
알갱이 크기	눈으로 구별할 수 있다.	작아서 현미경으로 관찰해야 한다.
촉감	거칠거칠하다.	거칠거칠하다.
기타	알갱이가 반짝거린다.	겉표면에 가스가 빠져나가면서 생긴 작은 구멍들이 나 있다.

3장

화산의 모양은 가지가지

다맹글어 박사,
의외의 모습을 발견하다!

◎◎◎ 다맹글어 박사는 안드로메다 요원들이 있는 곳에서 얼마 떨어지지 않은 양 떼 목장에서 쉬고 있었다. 박사의 품 안에는 귀여운 토끼 한 마리가 안겨 있었다. 목장의 양들은 이리저리 몰려다니며 평화로이 풀을 뜯었다.

"아휴, 지구의 동물은 귀여운 것들이 많단 말이야."

다맹글어 박사는 토끼를 쓰다듬으며 한가롭게 풀을 뜯어 먹고 있는 양들

을 사랑스러운 눈길로 바라보았다. 얼굴에는 흐뭇한 미소가 떠올랐다. 지구는 축복 받은 행성이었다. 다양하고 신기한 동물과 식물이 가득했다. 활기차고 아름다운 지구의 자연을 보고 있노라면 화성의 표면처럼 거칠고 황폐했던 박사의 가슴에 따뜻한 기운이 솟는 것 같았다.

"박사니임~ 다맹글어 박사님!"

저 멀리서 투팍이 들뜬 목소리로 박사를 부르며 달려왔다.

"저 녀석은 왜 또 호들갑이야."

다맹글어 박사는 투팍을 돌아보지도 않고 혀를 끌끌 찼다.

"찾았어요. 제가 찾았다니까요!"

"뭘 말이냐?"

투팍이 두 손을 내밀어 박사에게 화이트 큐브를 보여주었다. 박사는 안고 있던 토끼를 내려놓고 투팍이 들고 있는 화이트 큐브를 받아 이리저리 살펴보았다.

"아니, 이건 어디서 난거야? 그것도 두 개씩이나?"

"박사님 말대로 이제 지구를 박살낼 일만 남았어요. 아호호홍홍!"

투팍은 뛰어난 관찰력으로 숲 속에 숨어 있는 안드로메다 요원들의 우주선을 발견한 일과 용감하고 대담하게 우주선 안으로 들어가 큐브를 훔쳐온 일을 손짓 발짓까지 섞어 가며 떠들어댔다. 박사는 대충 흘려듣다가 투팍의 말이 끝나자마자 물었다.

"그래서 이건 무슨 개념이 들어 있는 큐브냐?"

투팍은 박사가 들고 있는 큐브를 하나씩 가리키며 말했다.

"이건 동물과 식물에 관한 개념 큐브인데 어떤 바이러스를 뿌릴지는 좀 생각해 봐야 할 것 같고요. 중요한 건 바로 이거예요. 화산과 지진 개념 큐브거든요."

"화산과 지진 바이러스를 이용해서 지구에 있는 화산을 전부 폭발시키고 지진을 일으키자는 거냐?"

"바로 그거죠. 박사님이 세운 계획에 절대적인 도움이 될 개념이라고요. 아호호홍!"

"흠, 나는 그렇게까지 하고 싶지 않구나."

"네? 얼마 전까지 지구의 화산을 다 폭발시킬 거라고 했잖아요!"

투팍은 예상치 못한 다맹글어 박사의 반응에 당황하여 목소리를 높였다. 하지만 흥분한 투팍과 달리 박사는 감상에 젖은 표정으로 대꾸했다.

"지구에 사는 동물과 식물을 생각하니 없애 버리기에는 너무 아까워서 말이다."

"갑자기 그게 무슨……?"

투팍은 박사의 말을 이해할 수 없어 말꼬리를 흐렸다. 악당은 인정사정이 없어야 하는데 이게 웬 뚱딴지 같은 소리인가? 다맹글어 박사는 초롱초롱한 눈망울을 하고는 말을 이었다.

"지구를 화산과 지진으로 망가뜨리면 여기 사는 동물과 식물들도 더 이상 볼 수 없을 거야. 그건 너무 무자비하지 않나?"

"무자비해야 진정한 악당이죠. 전 누가 뭐래도 화산과 지진 바이러스를 뿌릴 거예요."

투팍은 큐브를 들고 단호하게 말했다. 다맹글어 박사는 그런 투팍을 바라보며 말했다.

"서두르지 마라. 너에게도 좋고, 나에게도 좋은 계획이 있다."

"그게 뭔데요?"

투팍의 물음에 다맹글어 박사는 발밑에 내려놓았던 토끼를 다시 안아 쓰다듬으며 회심의 미소를 지었다.

우주선 밖으로 경치가 빠르게 바뀌고 있었다. 소심이는 창밖을 구경하며 예전에 제주도에서 서울로 갈 때 타 본 비행기보다 훨씬 빠르다고 생각했다. 소심이는 자리에서 일어나 우주선을 조종하느라 정신없는 아작에게 다가가서 물었다.

"우리 지금 어디로 가는 거예요?"

"악당이 가져간 개념 큐브의 주인을 찾으러 가는 거다."

"돌려줄 개념 큐브도 없잖아요?"

"그러니까 더 서둘러야 해. 그 개념 큐브로 투팍이 무슨 짓을 꾸밀지 모르니 말이야. 빨리 개념이 돌아와야 위치 추적이 가능해져 투팍이 있는 곳을 알 수 있어."

"제 개념 큐브부터 찾으면 잃어버린 다른 아이의 것도 찾을 수 있잖아요. 굳이 그 아이한테 서둘러서 갈 필요가 있나요?"

소심이가 의아해하며 물었다.

"그럴 수도 있겠지. 하지만 악당 녀석 둘이서 큐브를 각각 가지고 움직일 수도 있으니 문제야. 그럼 우리가 네 큐브를 찾는 사이에 다른 한 녀석이 나머지 큐브로 못된 짓을 꾸미는 걸 막을 수 없을 테니까."

메타의 말에 소심이가 조용히 고개를 끄덕였다.

"메타, 우주선 조종은 내가 맡을 테니 넌 소심이가 개념을 하나라도 더 기억해 내도록 도와줘. 그래야 큐브를 찾기 수월해질 거야."

모처럼 진지한 아작의 말에 메타도 동의했다. 곰곰이 생각에 잠겨 있던 소심이가 요원들에게 물었다.

"아까 보니까 한라산과 아소 산은 정말 다르더라고요. 아소 산 분화구에서는 물이 부글부글 끓던데 한라산 백록담은 왜 그렇게 고요한 거죠? 둘 다 같은 화산 아니에요?"

"그야 한라산은 휴화산이고 아소 산은 활화산이기 때문이지."

"화산에도 종류가 있어요?"

메타는 소심이의 질문을 기다렸다는 듯 바로 대답했다.

“그럼. 화산은 활동 형태에 따라 세 가지로 나뉘어. 현재도 활동하고 있는 활화산, 지금은 활동하지 않지만 역사에 활동 기록이 있는 휴화산, 분출한 흔적은 있지만 역사적으로 활동한 기록이 없는 사화산!”

“아, 수업 시간에 들었던 기억이 나요. 한라산은 고려 시대 때 폭발했었다는 기록이 있대요. 그렇다면 한라산은 휴화산, 아소 산은 활화산이겠네요.”

소심이가 스스로 개념을 찾자 메타는 매우 기뻐하며 말을 이었다.

“화산의 모양에 따라 화산을 구분하기도 해. 용암이 묽으면 분화구에서 빠르게 흘러내려 경사가 완만한 화산이 만들어지지. 제주도의 한라산이 대표적이야. 반면 용암이 끈적끈적하면 천천히 흘러내리기 때문에 경사가 급한 화산이 만들어 진단다. 제주도의 산방산처럼 말이야. 그리고 용암과 화산재가 번갈아 가며 층층이 쌓이면 원뿔 모양의 화산이 만들어져. 대표적인 예가 일본 후지 산이지.”

소심이는 메타의 말을 들으며 화산에 대한 두려움이 조금씩 사라지는 것을 느꼈다. 화산 폭발을 자연재해가 아닌 자연 현상으로 받아들이기 시작한 것이다. 소심이는 안드로메다 요원 아저씨들과 함께라면 개념을 되찾아도 예전처럼 자연재해 걱정으로 잠 못 이루던 때로 돌아가지는 않을 것이라는 희망이 생겼다.

동물보다 스마트폰이 더 좋아!

◎◎◎ 딩동!

첨단이의 집 앞에 도착한 아작과 메타 그리고 소심이는 초인종을 누른 뒤 한참을 기다렸다. 아무런 반응이 없던 첨단이네 대문은 초인종을 세 번 더 누른 후에야 겨우 열렸다. 헤드폰을 머리에 쓴 한 남자아이가 나와 요원들과 소심이를 힐끗 쳐다보았다. 그러더니 헤드폰 선과 연결된 스마트폰을 양손으로 잡고 엄지 손가락을 열심히 움직이며 게임을 하기 시작했다. 끝날 기미가 보이지 않자 가만히 참고 있던 아작이 먼저 입을 열었다.

"네가 최첨단이냐?"

하지만 남자아이는 게임에 집중하느라 아작의 목소리를 듣지 못했다. 게다가 헤드폰에서 흘러나오는 게임 배경 음악 소리는 옆 사람이 들을 수 있을 정도로 컸다. 아작이 이번에는 남자아이의 어깨를 툭툭 건드리면서 큰 소리로 물었다.

"첨단이 맞지? 최첨단!"

그제서야 첨단이는 스마트폰 게임을 멈추고 아작을 바라보았다. 첨단이는 게임 화면을 일시 정지 상태로 설정해 놓고 헤드폰을 벗었다.

"네, 그런데요."

그제서야 메타가 한 발짝 앞으로 나아가 말했다.

"동물과 식물 개념을 안드로메다로 보낸 적 있지?"

"네, 그런데요,"

첨단이는 성의 없이 똑같은 대답을 반복했다.

"우리가 그걸 돌려주러 왔……, 아차!"

평소처럼 이야기하던 아작은 말을 하다 말고 첨단이의 눈치를 살폈다. 빈손으로 온 것을 깜빡한 것이다.

"사실 돌려주려고 했는데 사정이 생겨서 그만 못 가져왔어."

"아, 괜찮아요."

첨단이는 대수롭지 않게 말하며 다시 집으로 들어가 대문을 닫으려 했다. 아작이 닫히려는 문을 재빨리 붙잡았다.

"자, 잠깐! 근데 왜 개념을 안드로메다로 보냈니?"

"그냥 싫어서요. 동물도 싫고 식물도 싫고 다 싫어요."

"무슨 이유라도 있는 거니?"

"이유요? 그런 거 없는데요. 그냥 싫어하는 사람도 있는 거죠, 뭐."

첨단이는 퉁명스럽게 대답했다. 동물과 식물이 싫다는 말에 요원들 뒤에 있던 소심이가 발끈하며 앞으로 나섰다.

"가만 듣고 있자니 너 정말 버릇이 없구나?"

또래 여자 아이의 목소리에 첨단이가 그제야 고개를 들어 낯선 방문객들을 찬찬히 살펴보았다.

"넌 누구야? 너도 안드로메다에서 왔어?"

"아니, 난 지구에서 왔지."

"여기가 지구잖아."

첨단이의 지적에 소심이가 당황한 듯 더듬거리며 말했다.

"나, 난 제주도에서 왔어."

"제주도? 그건 우주 어디에 있는 별이야?"

"뭐라고? 넌 제주도도 모르니?"

"아, 그 제주도? 난 또……. 네가 외계인처럼 생겨서 제주도라는 외계 행성이 따로 있는 줄 알았지."

"뭐라고?"

능청스러운 첨단이의 태도에 소심이는 얼굴이 달아올랐다. 메타와 아작은 두 아이의 실랑이에 왠지 웃음이 났다. 소심이는 그런 요원들에게 흘긋 눈을 흘긴 뒤 첨단이에게 따지듯이 물었다.

"동물이 얼마나 귀여운데 왜 싫다는 거야? 그리고 식물이 얼마나 인간에게 이로운 생물인데 그것도 싫다고 하고 말이야."

"나는 너랑 달라서 동물이 정말 싫거든? 맨날 밥 챙겨 줘야 하고 똥도 치워야 하고……. 식물은 또 어떻고? 매번 물 줘야 하고 또 시들어 버리면 화분이랑 흙을 버려야 하고. 생각만 해도 귀찮아!"

"그럼 너는 귀찮아서 밥은 어떻게 먹니?"

"내가 밥을 먹든 말든."

참단이는 어깨를 으쓱해 보였다. 소심이가 요원들에게 말했다.

"우리 그냥 가요. 이런 아이에게는 개념을 찾아 줄 가치도 없어요."

씩씩대는 소심이와 달리 요원들은 떠날 생각이 없어 보였다. 메타는 스마트폰을 들고 있는 첨단이를 가만히 쳐다보았다. 뭔가 말 못할 사연이 있는 것 같았다. 메타는 첨단이를 설득하기로 결심했다.

"우주 악당들이 네 개념을 가지고 바이러스를 만들어 못된 짓을 꾸밀지도 몰라."

"아이참, 자꾸 말 시키니까 게임을 할 수가 없잖아요."

첨단이는 투덜거리며 현관문을 닫으려 했다. 메타는 그 앞을 가로막으며

손목을 척 내밀었다. 최후의 수단이었다. 메타의 손목에 달린 슈퍼컴을 본 첨단이의 두 눈이 왕방울만 해졌다.

"우아, 이게 뭐에요?"

메타가 과장된 몸짓으로 뽐내며 말했다.

"안드로메다 첨단 기술의 결정체인 슈퍼컴이다. 네가 가지고 있는 스마트폰은 상대도 안 되지."

메타는 이왕 보여주는 김에 홀로그램 효과도 보여 주기로 했다.

"우아, 우아!"

첨단이가 연달아 탄성을 내질렀다. 아작은 옆에서 고개를 절레절레 흔들고 있었다. 안드로메다에 가면 대형 마트에서 쉽게 살 수 있는 물건인데 첨단이는 잘도 속고 있었다. 메타는 기회를 놓치지 않고 계속 말을 이었다.

"우리 우주선에 타면 최신식 조종석도 보여 줄게."

메타의 말에 첨단이의 눈이 더욱 반짝거렸다.

"좋아요. 그럼 같이 가요!"

첨단이가 갑자기 태도를 바꾸자 소심이가 격렬하게 반대했다.

"전 이런 무개념 아이하고 같이 가고 싶지 않아요!"

"무개념이니까 같이 가야지. 첨단이가 빨리 개념을 찾아야 네가 아끼는 동물과 식물을 보호할 수 있어."

"왜죠?"

소심이가 물었다.

"우주 악당들이 첨단이의 개념으로 바이러스를 만들어 지구를 공격할지도 모르니까. 그렇게 된다면 지구의 동물과 식물이 사라지는 건 시간 문제야."

"뭐라고요? 이런 무개념 아이 때문에 지구의 동물과 식물이 사라진다고요? 그런 무개념 악당이 어딨어요! 정말 그렇게 되면 내가 이 무개념 녀석과 무개념 악당까지 가만 두지 않을 거예요!"

소심이는 무개념을 연발하며 버럭 화를 냈다. 그리고는 첨단이를 보며 소리를 꽥 질렀다.

"이 바보야, 빨리 개념을 떠올려!"

"뭐? 내가 바보라고?"

"생물에 관해 아는 게 하나도 없으니까 바보지."

"나도 알 건 다 안다 뭐. 움직이면 생물이고, 안 움직이면 무생물이잖아."

첨단이의 말을 소심이가 재빨리 되받아쳤다.

"그럼 식물은 안 움직이니까 무생물이겠네?"

"그건……. 그러는 넌? 잘 알아?"

소심이는 갑자기 말문이 막혔다. 당연하게 생각했던 것을 막상 설명하려니 머릿속이 복잡해지는 느낌이었다. 그때 메타가 끼어들었다.

"생물은 몇 가지 공통된 특성이 있지. 먹이를 먹고, 숨을 쉬며, 자라면서 모습이 변하고, 어느 정도 자라면 자기를 닮은 자식을 낳아 대를 이어 가. 식물도 영양분을 섭취하고, 숨을 쉬고, 자라면서 몸이 커지고, 씨를 만들어 자신을 닮은 새 식물이 자랄 수 있게 하니까 생물이라고 할 수 있어. 동물과 마찬가지로 말이야."

"내 말이 바로 그거야!"

메타의 말이 끝나자마자 소심이가 외쳤다.

"잘난 척 하긴. 근데 외계인 아저씨는 어떻게 그렇게 잘 알아요?"

입을 삐죽거리던 첨단이가 메타를 보며 물었다.

"지구에 내려오기 전 지구 파견 교육을 받았거든. 난 원래 안드로메다가 인정하는 수재라서 한 번 배운 건 절대 잊지 않아."

메타가 대답했다. 아작은 옆에서 그저 머리만 긁적거리고 있었다. 메타가 그런 아작을 가리키며 말했다.

"이 친구는 그 시간에 잠만 자서 하나도 모를걸?"

"나도 잠 안 올 때는 공부했다고……."

아작이 억울한 표정을 지으며 작은 목소리로 대답했다. 소심이와 첨단이가 피식 웃었다. 아작이 헛기침을 하며 아이들에게 황급히 말했다.

"자자, 얘들아. 이제 그만 악당들을 찾아 떠나자."

소심이와 첨단이는 요원들의 뒤를 따라 우주선에 올라탔다.

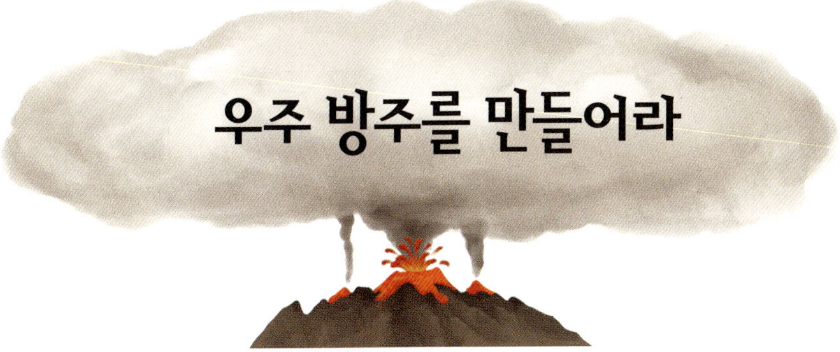

우주 방주를 만들어라

◎◎◎ 안드로메다 요원들의 우려와는 달리 다맹글어 박사는 정반대의 고민을 하고 있었다. 동물과 식물을 살릴 수 있는 방법을 생각하고 있었던 것이다.

"그러니까 지구의 동물과 식물을 모두 우주선에 태우자고요?"

투팍이 헛웃음을 지으며 다맹글어 박사의 말을 다시 확인했다. 박사는 당연한 것을 묻는다는 듯 망설임 없이 고개를 끄덕였다.

"지구의 동물과 식물은 얼마나 경이로운 존재이냐? 모두 멸종시키는 건 너무 아까워."

투팍은 박사를 이해할 수 없었다. 어차피 지구를 멸망시키려고 온 건데 사정을 봐주다니 너무 이상했다. 투팍은 콧방귀를 뀌었다.

"지구의 동물과 식물을 걱정하는 건 우리 같이 잔인한 우주 악당이 할 일은 아니잖아요?"

"그래도 전부 멸종되면 전 우주의 손해다. 너도 알다시피 생명체가 살고 있는 행성은 그리 많지 않아."

"그래서 우리 우주선에 그 많은 동물과 식물을 실겠다고요?"

투팍의 말에 다맹글어 박사가 눈을 부라리며 답했다.

"말 똑바로 해. 우리 우주선이 아니라 내 우주선이야. 그러니 어떤 결정을 하던 내 마음이고."

투팍은 표정을 일그러뜨리며 다시 물었다.

"박사님 우주선인건 알겠는데 지구의 동식물을 다 태우기엔 우주선이 너무 좁지 않아요?"

투팍은 아무리 생각해도 우주선에 지구의 동식물을 태우는 그림이 그려

지지 않았다. 코끼리 같은 커다란 동물 몇 마리만 실어도 우주선이 꽉 찰 것 같았다. 그때 박사가 투팍에게 말했다.

"누가 지구에 있는 동물들을 종류에 상관없이 다 데려간다더냐? 너는 하나만 보고 둘은 볼 줄 모르는구나."

"그럼요?"

"한 쌍씩만 태울 거다. 종류별로 골고루 말이야."

"지구에 얼마나 많은 종류의 동식물이 있는지 알기나 하세요? 한 쌍씩만 태워도 지금 우주선으로는 턱도 없어요."

"그건 문제 될 것 없지. 내가 누구냐?"

"그야, 다맹글어 박사님이시죠……."

"그게 끝이냐?"

박사가 눈을 반짝이며 물었다. 투팍은 우물쭈물하며 박사가 원하는 답을 말했다.

"우주 최강 발명가 다맹글어 박사님이시죠."

"내가 맘만 먹으면 못 만드는 것이 없다고! 지난번에 내가 만든 엄청난 우주선도 네 눈으로 직접 보지 않았느냐."

"혹시 투명 우주선을 말하는 건가요?"

다맹글어 박사가 자신감 넘치게 고개를 끄덕였다. 투팍은 투명 우주선을 타긴 했지만, 보지는 못했기 때문에 뭐라 할 말이 없었다. 투팍은 조심스레 물었다.

"그럼 또 투명 우주선을 만드실 건가요?"

다맹글어 박사는 고개를 저었다.

"아니, 이번에는 그냥 큰 우주선을 만들면 될 것 같다. 지구의 동물과 식물을 모두 태울 수 있을 만큼 커다란 우주선!"

박사가 원하는 것들을 다 태우려면 도대체 얼마나 큰 우주선을 만들어야 하는지 투팍은 감이 오지 않았다.

"동물과 식물을 우주선에 태운 뒤엔 어떻게 하려고요?"

투팍의 물음에 다맹글어 박사가 하늘을 가리켰다.

"화성으로 데려가야지."

"네? 화성같이 척박한 곳에서 지구의 동물과 식물이 어떻게 살아요?"

"이 천재 다맹글어 박사님이 그것도 생각하지 않았을까봐? 화성에 유리 돔을 만들어 지구 같은 환경을 만들 거야."

투팍은 저런 무모하고 황당한 계획을 세울 외계인은 전 우주에 다맹글어 박사뿐일 거라 생각했다.

"지구의 동물과 식물을 구할 거대 우주선을 일명 '다맹글어의 우주 방주'라 칭하도록 하지."

투팍은 다맹글어 박사의 계획을 완전히 신뢰할 순 없었지만 이미 말릴 수 있는 단계는 지난 듯했다. 대신 이번에는 기필코 다맹글어 박사의 우주선 제작에 직접 참여해 지난번과 같은 사고는 막으리라 다짐을 했다. 투팍의 불안한 마음을 아는지 모르는지 다맹글어 박사는 외롭고 쓸쓸했던 화성에서 지구의 동물과 식물과 함께 살 생각을 하니 그저 즐거운 모양이었다. 입가에서 웃음이 떠나지 않았다.

다맹글어 박사는 바로 재료와 물질을 찾아 우주선 제작에 들어갔다. 어떤 것이든 마법처럼 빨리 만드는 박사이니만큼 우주선 만드는 데 그리 오랜 시간이 걸리진 않을 터였다. 투팍은 '다맹글어 박사의 우주 방주' 프로젝트가 마음에 썩 들지는 않았지만, 별 도리가 없어 박사를 돕기 시작했다.

개념 정리

화산의 분류

화산의 분류

화산은 모두 화산 활동으로 생겨났지만 그 모양이나 성격이 제각각 다르다.

호수가 있는 화산과 없는 화산

화산에서 용암이 분출되었던 곳이 움푹 파이면 그곳에 물이 고여 호수가 만들어 진다.
백두산, 한라산은 호수가 있고 후지 산, 마욘 화산(필리핀)은 호수가 없다.
분화구가 지름 1km이상이면 '칼데라'라고 부르며 칼데라에 형성된 호수를 '칼데라 호'라고 한다.

경사가 급한 화산과 완만한 화산

용암이 끈적거리면 천천히 흘러내리므로 경사가 급한 화산이 만들어진다.
반면 용암이 묽으면 빨리 흘러내려 경사가 완만한 화산이 만들어진다.
후지 산, 산방산은 경사가 급하고 한라산, 용암 대지인 데칸 고원은 경사가 완만하다.

활동하는 화산과 활동하지 않는 화산

활화산 : 현재도 활동하고 있는 화산
휴화산 : 지금은 활동하지 않지만 역사에 활동 기록이 있는 화산
사화산 : 분출한 흔적은 있지만 역사적으로 활동한 기록이 없는 화산

백두산과 한라산이 휴화산에 속하고 아소 산은 활화산이다.

※ 용암 대지 : 묽은 용암이 많이 나와 흐르면서 넓은 대지를 덮어 만들어진 편평한 모양의 땅.

동물의 세계 속으로

우리는 앙숙이야

◎◎◎ 소심이와 첨단이는 우주선을 탄 뒤에도 여전히 티격태격 말다툼을 했다. 이번에는 첨단이가 소심이에게 시비를 걸었다.

"너는 무슨 개념을 안드로메다로 보낸 건데?"

"지구 아이들이라면 모두 싫어하는 화산과 지진 개념을 보냈지."

소심이가 별거 아니라는 듯 말했다.

"지구 아이들이 그 개념을 싫어한다는 말은 처음 듣는데? 화산은 펑 하고 터지는 거고, 지진은 땅이 흔들리는 거잖아. 그렇게 간단한 걸 공부하기 싫어서 안드로메다로 보냈냐?"

첨단이가 약을 올리자 소심이가 변명하듯 말했다.

"무, 무섭잖아."

"무섭긴 뭐가 무섭냐? 너 완전 겁쟁이구나? 크크, 겁쟁이!"

첨단이가 손가락질을 하며 놀렸다. 소심이는 첨단이에게 버럭 소리를 질렀다.

"너 말 다했어? 하긴 너는 기계만 좋아하는 감정 없는 아이니까 자연재해가 얼마나 끔찍한 일인지 생각도 안 해 봤겠지."

"동물하고 식물을 안 좋아하면 감정이 없는 거냐?"

둘의 말다툼을 듣고 있던 아작이 양손으로 귀를 막았다.

"으, 시끄러워. 저 녀석들에게 어떻게 개념을 알려 주지?"

"그러니까 말이야, 어휴."

메타가 고개를 저으며 한숨을 지었다.

"그냥 적당한 데 내려 주고 가 버릴까?"

"그것도 나쁘지 않은 생각인 것 같은데."

메타가 진지한 표정으로 말했다. 그때 요원들 뒤로 씩씩거리는 소리가 들렸다.

"적당한 곳에 내려놓고 간다고요?!"

아작이 뒤를 돌아보자 첨단이가 허리춤에 손을 얹고 요원들을 노려보고 있었다. 화가 단단히 난 얼굴이었다.

"우린 아무 말도 안 했는데?"

아작이 천역덕스럽게 대꾸했다. 메타도 아이들의 눈치를 살피며 입을 꾹 다물었다.

"거짓말하지 마세요. 저도 똑똑히 들었다고요."

소심이가 뒤에서 첨단이를 거들었다. 하지만 첨단이가 화를 낸 이유는 따로 있었다. 첨단이는 휙 뒤로 돌더니 소심이를 손가락으로 가리키며 말했다.

“내려 주는 건 상관없는데 따로따로 내려 주세요. 저런 아이하고 같은 곳에 내리면 골치 아프니까.”

“뭐라고!”

소심이가 첨단이의 말에 발끈하며 소리쳤다. 메타와 아작은 다시 조용히 귀를 막았다. 요원들의 예상대로 다시 말다툼이 시작되었다.

“나도 너하고 단 1초도 같이 있기 싫거든.”

“나만큼은 아닐걸?”

참다 못한 아작이 끼어들어 둘을 떼어 놓았다.

"이제 그만 좀 해라."

두 아이는 서로 노려보다가 흥! 하며 등을 돌렸다. 메타가 머리를 감싸 쥐며 괴로워했다.

"으, 두 아이를 동시에 우주선에 태운 게 잘못이었나 봐."

아작은 귀를 막고 있어서 메타의 말을 듣지 못했다. 메타는 이를 눈치채지 못하고 계속 중얼거렸다.

"빨리 개념을 찾을 방법을 생각해야 하는데 시끄러워서 머릿속이 더 복잡해지는 것 같아."

"……."

"좋은 방법 없을까?"

아작이 잠잠하자 답답한 메타가 곁눈질로 아작을 바라보았다. 아작은 여전히 양손으로 귀를 막고 있었다. 메타가 아작을 팔꿈치로 툭툭 건드렸다. 아작이 양손을 귀에서 떼고 고개를 돌렸다.

"왜? 뭐라고 했어?"

"아이들에게 동시에 개념을 돌려줄 수 있는 방법이 없겠냐고."

"음, 똑똑한 네가 첨단이에게 개념을 좀 가르쳐 보는게 어때? 소심이는 어느 정도 개념이 돌아온 것 같아. 희미하게나마 위치 추적기에 반응이 왔어."

아작의 말을 들은 첨단이가 뚱한 표정으로 말했다.

"절 가르치신다고요? 공부는 싫은데……."

"그거야 네가 제대로 공부해 본 적이 없으니까 그렇지."

메타가 어느새 첨단이 옆으로 다가와 어깨에 손을 툭 얹었다. 첨단이는 메타의 시선을 피하며 대꾸했다.

"스마트폰 게임보다 더 재미있으면 들을 게요."

메타는 잠시 고민하더니 입을 열었다.

"동물을 잡아먹는 식물에 관해 들어본 적 있니?"

"네? 식물이 동물을 먹는다고요? 피, 거짓말!"

"거짓말이 아니야. 지구에는 네가 상상도 못할 신기한 생물이 많단다. 파리지옥이라는 식물은 달콤한 향기를 내뿜어 파리, 나비 등의 곤충을 끌어들여. 양쪽으로 벌린 잎 안으로 곤충이 들어오면 바로 그때 잎을 오므려 곤충을 가두지."

메타가 손목을 마주 대고 양손을 벌렸다가 첨단이의 눈 앞에서 탁 하고 닫는 시늉을 했다.

"파리에게는 미안하지만 이름 한번 잘 지었네요, 히히."

"이렇게 곤충을 잡아먹어 영양분을 얻는 식물을 식충식물이라고 해. 파리지옥 말고도 끈끈이주걱, 벌레잡이통풀 등 많은 종류가 있단다."

"여름에는 모기도 잡아 주겠네요?"

"하하, 첨단이가 응용력이 좋구나. 꼭 한번 사서 실험해 보렴. 자. 이번에는 눈이 없는 멕시코장님물고기 이야기를 해줄까?"

"물고기가 눈이 없다고요? 헤엄치다가 바위에 부딪히면 어떡해요?"

"멕시코장님물고기는 깜깜한 동굴 속에서 살기 때문에 앞을 볼 필요가 없거든. 빛이 들어오지 않는 깊은 바닷속이나 동굴에 사는 물고기는 눈이 없거나 눈의 흔적만 남아 있는 경우가 많아."

"우아, 징그럽기는 한데 신기해요. 꼭 한번 보고 싶어요!"

첨단이는 메타의 이야기에 푹 빠져 신 나게 맞장구를 쳤다. 그러다 어이없다는 듯이 쳐다보는 소심이와 눈이 마주쳤다. 첨단이는 민망해져 우물우물 망설이다 입을 다물었다. 메타는 첨단이에게 물었다.

"어때, 동물과 식물에 대해 배우고 싶은 마음이 생겼니?"

첨단이는 머리를 긁적이며 대답했다.

"네, 뭐 조금은……."

"좋아!"

메타는 엄지손가락을 치켜세우며 아작에게 승리의 신호를 보냈다.

지구의 동식물을 잡아라

◎◎◎ 드디어 다맹글어 박사의 우주 방주가 눈앞에 모습을 드러냈다. 방주라는 호칭답게 으리으리하고 거대한 여객선 모양의 우주선이었다. 그 엄청난 크기에 압도되어 투팍은 입을 다물지 못했다. 축구장보다 훨씬 더 커 보였다. 이런 우주선을 짧은 시간에 만들어 내다니……. 다맹글어 박사는 마법의 기술이라도 가지고 있는 건가? 투팍은 침을 꿀꺽 삼키고 박사에게 물었다.

"우주선이 크니 좋긴 한데, 이렇게 크면 지구인들에게 쉽게 들키지 않을까요?"

그 말에 다맹글어 박사가 대답했다.

"우주 방주 아래쪽에 인공 구름을 만드는 장치를 달아 놓았어. 땅에서 보면 커다란 구름 같아 보이게 말이지. 그리고 들키든 말든 그게 무슨 상관이냐? 어차피 우리가 화산을 폭발시키고 지진을 일으켜 지구가 멸망하면 아무도 기억하는 사람이 없을 텐데."

"아하."

맞는 말이었다. 다맹글어 박사와 투팍은 대형 우주선에 올라탔다.

투팍은 우주 방주 내부 여기저기를 구경했다. 동물을 종류별로 넣기 위해 칸칸이 나눠진 방이 셀 수 없이 많았다. 그리고 식물이 살 수 있는 커다란 정원도 따로 마련되어 있었다.

"이곳은 지정된 시간에 물이 자동으로 공급되도록 만들었어. 햇빛을 대신할 수 있는 특수 조명 장치도 설치했고 말이야."

다맹글어 박사가 투팍에게 설명했다.

"우아, 정말 굉장한데요?"

"이 정도는 되어야 다맹글어 박사의 우주 방주 자격이 있다 할 수 있지."

박사는 배를 쑥 내밀고 뿌듯한 표정을 지으며 말했다. 구경을 마친 박사와 투팍은 조종석으로 들어왔다. 박사가 말했다.

"이것뿐만이 아니야. 우주 방주에 무슨 일이 생길 때를 대비해서 비상 탈출용 우주선도 완비했지."

"에이, 이렇게 커다란 우주 방주에 설마 무슨 일이 생기겠어요?"

투팍이 전혀 걱정이 안 된다는 듯 말했다. 그때 조종석 구석에 투명 비닐로 꽁꽁 감싼 막대 모양의 물체가 눈에 띄었다.

"저건 뭔데요?"

"아, 내가 얼마 전에 심심풀이로 개발한 '절대 뒤집어 지지 않는 우산'이야. 공중에서 비상 탈출을 할 때 저걸 이용하면 안전하게 착지할 수 있지."

"낙하산보다 더 훌륭한 발명품이네요. 휴대도 간편하고요. 역시 우주 최강 발명가이십니다. 헤헤."

투팍의 아부에 다맹글어 박사의 기분이 좋아졌다. 박사는 선장처럼 폼을 잡고 멋지게 한 손을 앞으로 뻗었다.

"자, 준비가 끝났으니 이제 지구 곳곳을 돌며 동식물을 모으자!"

"이제 지구는 우리가 접수한다. 아호호홍!"

구구구궁궁-

우주 방주가 요란한 소리를 내며 이륙하기 시작했다. 배 모양의 거대한 우주선이 하늘을 가르며 날아오르는 모습은 그 자체가 장관이었다. 우주선 아래쪽으로 뿌연 연기가 뿜어져 나와 몸체를 감싸기 시작했다.

"자, 이제 뭐부터 할까요?"

우주 방주가 하늘 높이 올라 운항 궤도에 오르자 투팍이 신이 나 물었다. 다맹글어 박사는 쌍안경을 눈에 대고 창밖을 살피며 대답했다.

"우선 동물들부터 잡아서 우주 방주에 실어 볼까?"

"동물들이 어디 있는데요?"

투팍이 박사가 바라보는 방향으로 목을 쑥 빼고 뭐가 보이나 이리저리 살폈다.

"동물이 사는 곳은 다양해. 바다, 강, 호수 같은 물에서 사는 동물들도 있고 땅 위나 땅속에서 사는 동물들, 그리고 우주선처럼 하늘을 나는 동물도 있지."

"한 군데 사이좋게 모여 살면 편할 텐데. 번거롭게……."

투팍은 이곳저곳 흩어져 사는 동물들을 일일이 잡아들일 생각을 하니 귀잖아졌다.

"그런 소리 마라. 각각의 동물은 서식지 환경에 어울리는 생김새를 가지고 있어. 한곳에서 모여 산다면 생김새도 다 비슷비슷했을 거 아냐. 그건 시시하지, 암."

박사는 여전히 들뜬 모습으로 동물을 찾느라 여념이 없었다.

"그럼 어디로 갈까요?"

"저기 바다가 보이는군. 바다 동물들을 먼저 잡는 게 좋겠어."

다맹글어 박사의 거대한 우주 방주는 눈 깜짝할 사이에 바다 위에 내려앉았다. 엄청난 크기의 우주선인데도 움직임이 무척 빨랐다. 이어 우주 방주 아래쪽에서 엄청난 속도로 그물이 펼쳐져 바다 속에 사는 동물들을 잡기 시작했다. 고래와 상어같이 큰 동물부터 꽁치나 멸치같은 작은 물고기도 있었다. 잡힌 물고기는 특수 제작된 거대한 수조로 옮겨졌다. 수조 안에서 유유히 헤엄치는 물고기들을 관찰하면서 투팍이 다맹글어 박사에게 물었다.

"바다에 사는 동물들은 몸통이 비슷하게 생겼네요? 앞부분은 둥글고 뒤로 갈수록 뾰족해요."

다맹글어 박사는 고개를 끄덕였다.

"그래야 물속에서 헤엄칠 때 유리하기 때문이지. 앞부분이 둥글어야 물이 물고기의 머리에 부딪히지 않고 몸을 따라 미끄러져 나가 좀 더 쉽고 빠르게 헤엄칠 수 있거든. 그런 모양을 유식한 말로 유선형이라고 하지."

우주 방주는 바다 동물들을 충분히 실은 뒤 아프리카로 향했다. 다맹글어 박사가 이번에는 초대형 집게를 이용해 사자, 호랑이, 사슴 같은 야생 동

서식지 환경에 따른 동물의 생김새

부리 모양과 먹이 관계

매
갈고리처럼 휘어진 튼튼한 부리
먹이 : 오리, 비둘기 등

왜가리
창처럼 뾰족한 부리
먹이 : 물고기, 개구리 등

콩새
짧고 튼튼한 부리
먹이 : 씨앗, 열매 등

청둥오리
넓적한 부리
먹이 : 곤충, 물풀 등

서로 다른 동물의 비슷한 생김새

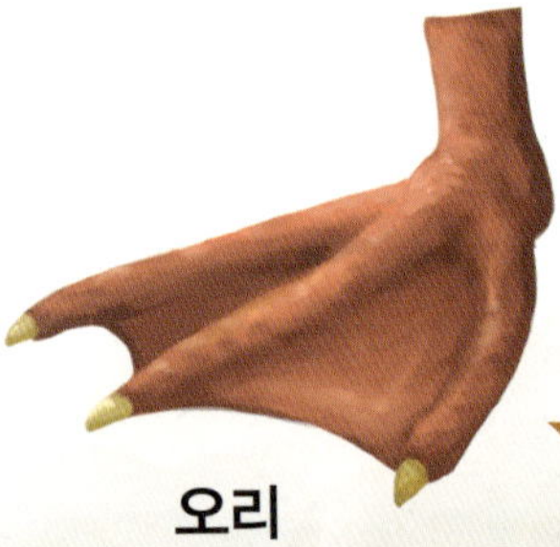

오리

물갈퀴가 있어
물에서 생활하기
편리함

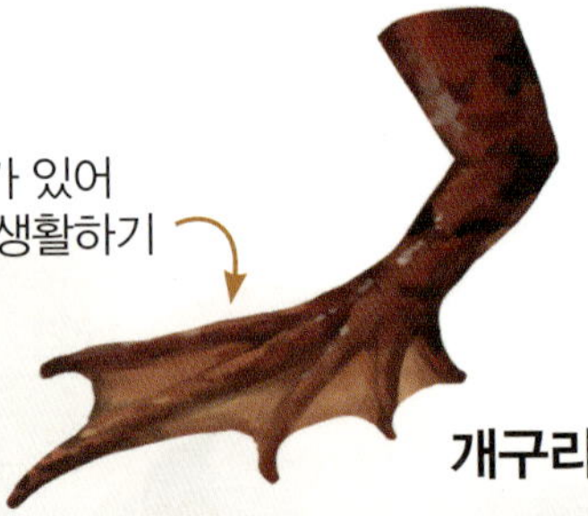

개구리

사는 곳에 따라 달라진 동물의 생김새

북극 여우
귀가 작아 열 손실 방지

사막 여우
귀가 커 체온이 높이 올라가는 것 방지

물부터 소와 돼지 같은 가축들까지 모두 잡아들였다. 심지어 땅을 파던 두더지까지 쏙 낚아챘었다.

"으악, 저기 사자가 얼룩말을 잡아먹고 있어요!"

투팍이 사냥을 하고 있는 사자를 가리키며 박사에게 소리쳤다. 박사는 무덤덤하게 대답했다.

"그거야 사자가 육식 동물이니까 그렇지. 육식 동물은 초식 동물을 잡아먹고 살아야 하기 때문에 빠른 속도로 달릴 수 있는 근육이 발달했고 날카로운 송곳니가 있어. 반면 얼룩말 같은 초식 동물은 주위를 경계하는 능력이 뛰어나고 초식에 적합한 넓적한 어금니가 나 있지. 또 풀은 고기보다 소화가 늦게 되기 때문에 창자 길이도 육식 동물보다 길어."

바다와 땅에 사는 동물들 다음에는 하늘을 나는 동물들이었다. 다맹글어 박사는 거대 흡입기를 이용해 하늘을 나는 동물을 잡아들였다. 박사는 새들을 천장이 높은 우리에 가둔 뒤, 마지막으로 강과 호수로 향했다.

"바다에 사는 동물들 모았으면 됐지. 뭐 하러 또 강이랑 호수에 가요? 어차피 같은 물인데."

"엄연히 강, 호수와 바다는 달라. 바다는 소금기가 있지만 강과 호수는 소금기가 없잖아? 환경이 다르니 당연히 사는 생물의 종류도 다르다고."

박사는 우주 방주의 첨단 그물로 강과 호수를 훑어 붕어, 미꾸라지, 메기 같은 물고기와 강가에서 물고기를 잡아먹던 수달까지 놓치지 않고 잡았다.

"지구에 사는 동물이 이렇게 종류가 많은 줄 몰랐어요."

투팍의 감탄 섞인 소리에 다맹글어 박사는 고개를 끄덕이며 말했다.

"지구에서 가장 많은 동물은 바로 곤충이야. 종류는 100만 가지가 넘고 지구 어디에서나 살고 있지."

"와, 곤충이야 말로 지구를 지배하는 동물이네요?"

박사는 오랜만에 투팍의 대답이 마음에 들었다.

"곤충의 몸은 머리, 가슴, 배 이렇게 세 부분으로 구분해. 머리에는 더듬이가 1쌍, 겹눈이 1쌍 있어. 가슴에는 2쌍의 날개와 3쌍의 다리가 나 있어. 곤충에게는 몸을 숨길 수 있고 영양분을 섭취할 수 있는 흙이나 식물들이 꼭 필요하지. 그런 의미에서 이제 식물들을 채집하러 가 볼까?"

쉴 새 없이 옮겨 다니느라 투팍은 정신이 없었다. 투팍은 투정을 부리며 털썩 주저앉았다.

"으, 좀 쉬었다 해요."

"빨리 지구를 멸망시키자고 한 게 누군데 쉴 틈이 어디 있어?"

지구 멸망이라는 말에 투팍은 있는 힘을 다 짜내어 일어났다. 곧 멸망될 지구에서 동물과 식물을 구하러 다니는 게 악당이 할 만한 행동인지 좀 헷갈리긴 했지만 말이다.

개념 바이러스가 퍼지다

◎◎◎ "식물을 채집하려면 산으로 가야 하나요?"

투팍이 우주선 조종을 하며 다맹글어 박사에게 물었다. 박사는 어디에서 또 챙겨 온 건지 믹스 커피를 홀짝거리며 대답했다.

"식물도 동물과 마찬가지로 다양한 곳에서 살고 있어. 숲과 들은 말할 것도 없고 사막이나 바닷가에도 살고 있지."

"식물은 다 비슷비슷한 줄 알았는데 아닌가 보네요."

투팍은 기운이 쏙 빠지는 느낌이었다. 바다, 강, 호수, 평야, 하늘 등 지구 곳곳을 돌아다니며 동물을 잡느라 가뜩이나 피곤한데 박사는 똑같은 일을 반복하려 하고 있었다.

'동물을 잡을 때 식물도 같이 잡았으면 좋았을 걸. 이게 무슨 고생이람?'

생각해 보니 박사는 지구에 온 이후부터 조종간을 잡은 적이 한 번도 없었다. 박사는 투팍의 속을 아는지 모르는지 식물을 채집할 생각에 신이 나 있었다.

"식물은 내가 특별히 개발한 대형 흡입기를 이용할 거야. 식물의 종류와 크기에 따라 흡입 강도를 다르게 설정해서 잎부터 뿌리까지 안전하게 빨아들일 수 있지."

투팍은 박사의 발명품 자랑을 듣는 둥 마는 둥 무뚝뚝하게 대답했다.

"그럼 걸리는 대로 다 쓸어 담으면 되겠네요?"

투팍이 묻자 다맹글어 박사는 고개를 끄덕였다. 두 악당은 우주선을 타고 지구 전역을 돌아다니며 식물을 뿌리째 흡수하기 시작했다. 산 하나를 골라 그 안에 사는 식물을 통째로 뽑아서 민둥산을 만들어 버리기도 했다. 식물을 위해 마련해 둔 우주선의 정원은 아마존 정글처럼 온갖 식물들로 가득 찼다. 일부는 동물들이 있는 방으로 보내 식물 사이에서 동물들이 편안하게 지내도록 배려했다. 다맹글어 박사가 우주선을 돌아보고는 만족스런 미소를 지었다.

"자, 이제 이 다맹글어 박사님의 우주 방주에 동물과 식물을 다 태운 것 같군. 슬슬 지구 멸망을 위한 시나리오를 가동해 볼까?"

"드디어 시작인 가요? 아호호홍!"

그제서야 투팍은 찌푸렸던 얼굴을 펴고 경망스럽게 웃었다. 지구의 동식물을 모으는 일은 투팍에게 별 의미가 없었다. 동물 보호 단체도 아니고 악당 체면이 구겨지는 일이었다. 하지만 지구를 완벽히 멸망시키기 위해서는 다맹글어 박사의 비위를 맞출 필요가 있었다. 그리고 마침내 투팍이 원하는 차례가 온 것이다. 참고 기다린 보람이 있었다.

"일단 제주도로 가요. 한라산에 먼저 개념 바이러스를 뿌려야겠어요."

"좋을대로."

박사는 잡아들인 동물과 식물을 구경하러 조종석 밖으로 후다닥 나가 버렸다. 아무래도 박사에게 지구 멸망 계획 따위는 큰 관심사가 아닌 듯 했다.

"아무렴 어때? 이제부터 내가 활약할 차례니까. 아호호호홍!"

얼마 지나지 않아 다맹글어 박사의 우주선은 제주도 한라산 상공에 도착했다. 활동한 지 오래된 한라산의 백록담은 그저 물이 거의 없는 커다란 호수에 불과했다.

"내가 예전의 모습을 되찾게 해 주마."

평온한 한라산의 모습을 바라보던 투팍이 중얼거렸다. 투팍은 상자 안에서 소심이의 개념이 담긴 블랙 큐브를 꺼내 바이러스를 뿌리기 시작했다. 큐브에서 나온 바이러스는 한라산의 중심인 백록담을 향해 안개처럼 퍼져 나갔다.

안드로메다 요원들은 약하게나마 반짝거리는 위치 추적기 신호를 따라 제주도 인근까지 날아왔다. 그러나 한참을 기다려도 신호가 강해지지 않았다.

"녀석들, 도대체 어디 있는 거야? 아니면 위치 정보가 업데이트 안 된 건가?"

아작이 초조한 마음에 위치 추적기의 전원을 껐다 켜 보았다. 하지만 여전히 신호는 희미했다. 제주도까지는 그럭저럭 찾아왔지만 구체적인 장소를 알기 어려웠다. 아작이 다시 전원을 끄려고 하자 메타가 말렸다.

"그만 해. 전원이 꺼지는 사이에 갑자기 위치 정보가 뜨면 어떡하려고."

"고장 난 거 아니에요?"

첨단이가 의심이 가득한 얼굴로 위치 추적기를 바라보았다. 그러자 아작이 발끈하며 대답했다.

"고장이라니! 이거 산 지 얼마 되지도 않았거든?"

첨단이와 아작이 티격태격하는 사이 메타와 소심이는 묵묵하게 위치 추적기만 지켜보고 있었다.

모두가 지쳐갈 무렵 추적기에 빨간불이 켜졌다. 큐브의 위치 알림 신호를 기다리던 메타의 눈이 커졌다.

"신호가 강해졌어!"

투팍이 바이러스를 뿌리기 위해 큐브를 꺼내 든 바람에 신호가 강해진 것이다.

"어디야?"

아작도 달려와 확인했다. 위치를 확인한 두 요원은 동시에 외쳤다.

"백록담이야!"

"백록담이면 우리집하고 멀지 않은데?"

소심이가 요원들의 표정을 살피며 말했다. 메타는 신중히 무언가를 생각하더니 조심스럽게 말을 꺼냈다.

"내 상상이 맞다면 녀석들은 엄청난 일을 꾸미고 있을 거야. 빨리 한라산으로 가야 해."

아작은 서둘러 제주도로 우주선의 방향을 돌렸다.

잠시 후, 도착한 일행은 멀리서 연기가 피어오르는 한라산을 바라보았다. 얼마 전 다녀온 아소 산과 비슷한 모습이었다.

"이게 어떻게 된 일이에요? 마치 화산 폭발이라도 일어날 것 같아요."

소심이가 하얗게 질려서 물었다. 메타가 예상했다는 표정으로 말했다.

"투팍 녀석이 한라산에 개념 바이러스를 뿌렸나 봐."

"그럼 어떻게 되는 거예요?"

"빨리 녀석들을 잡아서 개념 큐브를 되찾아야지. 그러면 모든 것이 제자리로 돌아갈 거야."

"만약 그렇게 하지 못하면요?"

"개념 바이러스가 퍼지면 처음엔 가상 세계로 시작되지만 곧 그 경계가

흐려져 현실이 되고 말아. 그럼 정말 한라산이 폭발하는 거지."

겁에 질려 부들부들 떠는 소심이를 첨단이가 힐끔 바라보더니 아작에게 말했다.

"우주 악당들은 바이러스를 뿌리고 어디로 사라진 거예요?"

"위치 추적기 정보로는 이 근처인데……."

그때 소심이가 바닥에 앉으며 말을 했다.

"멀미가 날 것 같아요. 잠시 세워 주세요."

소심이는 화산 폭발이 정말 일어날지도 모른다고 생각하니 무서워졌다. 아작은 우주선을 한라산 백록담 근처 숲 속에 착륙시켰다. 소심이가 안정이 되려면 좀 시간이 걸릴 것 같았다.

"우리는 주변을 둘러보고 올게. 악당 녀석들도 여기 근처에 있을 테니 화산이 바로 폭발하진 않을 거야. 여차하면 바로 돌아올 테니 걱정 말고 쉬고 있어."

아작과 메타는 이 말을 남기고 자리를 떠났다.

개념 정리

동물의 생김새

비슷한 종류이지만 생김새가 다른 동물

먹이 종류에 따른 새의 부리

매 : 끝이 갈고리처럼 휘어지고 튼튼하여 먹이를 찢기에 알맞다.

왜가리 : 길고 뾰족하여 먹이를 찔러서 잡기에 알맞다.

콩새 : 짧고 튼튼하여 씨앗이나 열매를 쪼아 먹기에 알맞다.

청둥오리 : 넓적하여 물속에 있는 먹이를 걸러 먹기 적당하다.

서식지 온도에 따른 여우의 귀 크기

사막 여우 : 몸속의 열을 큰 귀를 통해 배출시킨다.

북극 여우 : 귀가 작아서 자신의 체온을 빼앗기지 않고 따뜻하게 유지할 수 있다.

다른 종류이지만 비슷한 생김새를 가진 동물

개구리, 악어, 하마

눈과 콧구멍의 위치가 거의 수평이다. 몸을 물에 담가도 눈과 콧구멍을 물밖으로 내놓을 수 있어 숨을 쉬고 사냥을 하기에 유리하다.

오리와 개구리

발에 물갈퀴가 있어서 물에서 헤엄치기에 적합하다.

상어와 고래

몸이 유선형이어서 물살을 헤쳐나가기 편리하다.

5장

동물과 식물이 사는 법

떠나 버린 우주선

◎◎◎ 밖에서 깨끗한 공기를 마시던 소심이는 거북했던 속이 괜찮아지자 우주선으로 다시 돌아갔다. 숲으로 들어간 아작과 메타는 아직 돌아오지 않았다. 소심이는 조종석에 앉아 이것저것 만지고 있던 첨단이와 눈이 마주쳤다. 소심이는 불안한 말투로 물었다.

"너 뭐 좀 알고 만지는 거니?"

"기계는 대충 만지다 보면 다 작동이 되게 되어 있어."

"아무리 그래도 너 같은 무개념이 이런 우주선을 조종한다는 건 말도 안 되지."

"내가 조종할 수 있다면 어쩔래?"

"글쎄, 가능할까?"

첨단이는 소심이가 자기를 무시하고 있다는 생각에 발끈했다. 첨단이는 약이 올라 계기판에 있는 버튼을 아무거나 마구 눌렀다. 사실 뭐가 뭔지 잘 몰랐지만 하는 시늉이라도 해야겠다 싶었다. 계기판의 빨간색 레버도 앞쪽으로 밀었다.

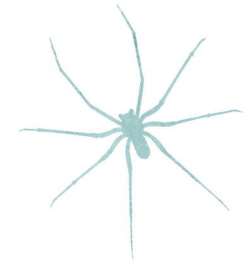

순간 우주선이 덜컹 흔들리더니 땅에서 두둥실 떠오르기 시작했다. 소심이는 넘어질 뻔하다가 가까스로 균형을 잡고 섰다.

"너 지금 뭐 만진 거야?"

첨단이도 놀라긴 마찬가지였다. 우주선이 정말 뜰 것이라고 생각하지 못했던 것이다. 소심이는 조종석으로 다가가 첨단이를 다그쳤다.

"빨리 다시 되돌려 놔!"

"아, 알았어."

당황한 탓에 고분고분해진 첨단이가 빨간색 레버를 뒤로 당겼다. 하지만 우주선은 땅으로 착륙하기는커녕 더 높이 올라가고 있었다. 우주선 창밖으로 놀란 얼굴로 우주선을 바라보는 아작과 메타의 모습이 보였다. 첨단이의 얼굴에 땀이 송글송글 맺혔다. 자동차나 우주선을 조종하는 게임은 많이 해 봤지만 이건 게임이 아니라 현실이었다.

"어떡해. 안드로메다 요원 아저씨들이랑 점점 멀어지고 있어."

소심이가 울상을 지으며 첨단이를 쳐다보았다.

"잠깐만 있어 봐. 내가 뭘 눌렀더라?"

첨단이는 자기가 무슨 버튼을 눌렀는지 기억해 내려고 애썼다. 눌렀던 버튼을 한 번 더 누르면 원상 복귀되어 우주선이 다시 아래로 내려갈지도 몰랐다. 하지만 마지막에 밀었던 빨간 레버 외에는 아무것도 생각나지 않았다.

"아무 버튼이라도 눌러 봐. 어서!"

소심이가 무서워하며 첨단이의 옷을 잡고 소리쳤다.

"에라, 모르겠다!"

첨단이는 눈을 딱 감고 아무 버튼이나 눌렀다.

삐삐삐삐—

우주선에서 경고음이 요란하게 울렸다. 이제 우주선은 좌우로 마구 흔들리기까지 했다.

"으악!"

첨단이와 소심이는 그만 균형을 잃고 엉덩방아를 찧고 말았다.

아래에서는 아작과 메타가 다급하게 소리치며 달려왔지만 이미 땅과 멀어진 우주선에서는 아무 소리도 들리지 않았고 요원들을 태울 방법도 없었다.

어느새 우주선은 한라산 정상을 지나 백록담이 내려다보이는 곳까지 떠올랐다. 연기가 자욱이 피어오르고 있는 분화구 훨씬 위까지 날아간 것이다. 소심이는 너무 무서워 눈을 꼭 감았다. 이제 첨단이에게 뭐라고 소리칠 마음의 여유도 없었다.

몇 분이 흐르자 마구 흔들리던 우주선이 안정을 찾았다. 누군가 소심이의 어깨를 툭툭 쳤다. 첨단이었다.

"이제 눈 떠도 돼. 괜찮아졌어."

"어떻게? 네가 정말 조종이라도 할 수 있게 된 거야?"

"그건 아니고 녹색 버튼을 눌렀는데 그게 자동 운항 장치였나 봐. 지금 우주선 혼자서 잘 날고 있어."

그 말에 소심이는 머리를 쭉 빼서 창밖을 보았다. 분화구의 흰 연기 때문에 밖이 제대로 보이지는 않았지만 적어도 우주선이 아까처럼 흔들리지는

앉았다.

"이제 어떡할 거야? 외계인 아저씨들은 어쩌고?"

조금 정신을 차린 소심이가 허리춤에 손을 얹고 따지듯이 물었다. 그러자 첨단이가 미안한 얼굴로 대답했다.

"뭔가 방법이 있겠지. 언젠가 땅으로 내려가지 않겠어?"

"지금 우리가 어디 있는지 알고 그러는 거니? 여긴 화산 분화구 바로 위라고."

"우리가 언제 이렇게 날아 보겠냐? 구경 많이 해 둬라."

태연한 척 말하며 창밖을 내려다보던 첨단이가 깜짝 놀라 외쳤다.

"앗, 저게 뭐지?"

소심이도 창밖으로 다가가 첨단이에게 말했다.

"너도 막상 내려다보니 무섭니?"

"아, 아니 그게 아니고……, 저 밑을 봐!"

첨단이는 고개를 저으며 떨리는 목소리로 말했다. 소심이는 첨단이가 가리키는 곳으로 눈을 돌렸다.

"앗!"

소심이도 똑같은 외마디 비명을 질렀다. 소심이와 첨단이가 타고 있는 우주선 바로 아래 정체불명의 우주선이 떠 있었던 것이다. 분화구를 다 막아 버린 듯한 거대한 크기였다. 우주선 본체는 구름으로 둘러 싸여 있고, 분화구에서는 연기가 뿜어져 나오고 있어 멀리서는 보이지 않았던 것이다.

우주 방주 안으로 침입하라

◎◎◎ 거대 우주선을 신기하게 바라보던 소심이가 말했다.

"우주선이 왜 저렇게 생겼지? 마치 커다란 배 같아."

"지금 우주선 모양이 문제가 아니야."

첨단이가 심각한 얼굴로 말했다.

"그럼?"

"지구에 왜 우주선이 두 대나 있는 걸까? 우리가 타고 있는 우주선은 안드로메다 요원 아저씨들 것이고. 저 우주선의 주인은 누구지?"

그제서야 소심이는 의심이 들었다. 첨단이가 소심이에게 다시 물었다.

"지구에 다른 행성의 외계인이 동시에 방문할 가능성이 얼마나 된다고 생각해?"

"글쎄, 그럴 가능성은 거의 없겠지."

첨단이는 마른 침을 삼키더니 다시 목소리를 가다듬고 입을 열었다.

"요원 아저씨들이 우주 악당에 관해 이야기했던 거 기억나?"

소심이는 고개를 끄덕였다.

"그렇다면 지금 우리 아래쪽에 있는 저 거대한 우주선의 주인은?"

두 아이는 동시에 말했다.

"우주 악당?"

둘은 만난 뒤 처음으로 서로 마음이 통했다. 소심이가 불안해 하며 말했다.

"그럼 이제 어쩌지? 이 우주선은 땅으로 내려갈 생각을 안 하고 요원 아저씨들도 아직 밑에 있고……."

"우주선이 안 내려간다면 우리가 직접 내려가야지."

첨단이가 무언가를 결심한 듯 말했다.

"우리가 어떻게?"

"뛰어내리자."

소심이가 첨단이의 단순한 대답을 나무랐다.

"이렇게 높은 곳에서 어떻게 뛰려고 그래? 땅에 떨어지면 말린 오징어처럼 납작해지겠다."

"누가 땅으로 뛰어 내리자고 그랬어?"

"그럼?"

"저 우주선 위로 뛰자고."

첨단이가 손으로 가리키는 곳은 바로 아래쪽에 날고 있는 우주 악당의 거대 우주선이었다.

"말도 안 돼!"

소심이는 몸을 뒤로 빼며 도리질했다. 그러자 첨단이는 용감하게 나서며 말했다.

"우리가 왜 안드로메다 요원 아저씨들을 따라왔는지 생각해 봐! 개념 큐브를 되찾기 위해서잖아. 저 우주선 안에 분명히 개념 큐브가 있을 거야. 우리가 직접 가서 찾자!"

"너무 위험해. 악당의 우주선에 스스로 들어간다니."

첨단이는 적극적으로 소심이를 설득했다.

"여기 계속 남아 있으면 아무것도 할 수 없어. 기회가 왔을 때 잡아야지. 최악의 경우, 악당들이 벌써 우리의 존재를 눈치챘을지도 몰라. 저 우주선 안으로 들어가는 게 더 안전할지도 모른다고. 시간이 없어, 어서!"

소심이는 무서웠지만 첨단이 말대로 시간도 다른 방법도 없었다. 첨단이는 우물쭈물하는 소심이에게 손을 내밀었다.

"자, 내 손 꽉 잡아. 내가 하나 둘 셋 하면 바로 뛰어내리는 거야. 알겠지?"

주저하는 소심이의 손을 첨단이가 힘주어 잡았다. 소심이도 다부지게 마음을 먹었다.

다행히 아이들이 탄 우주선은 거대 우주선 쪽으로 점점 다가갔다. 10미터가량 떨어져 있던 두 우주선의 사이가 점점 가까워지더니 뛰어내려도 될 정도로 바짝 붙었다. 첨단이가 우주선의 문을 열었다. 거센 바람이 몰아쳤다.

"자, 이제 뛰는 거다. 하나 둘 셋!"

첨단이는 소심이와 함께 거대 우주선 위로 뛰었다.

우당탕–

큰 소리와 함께 두 아이는 떼구르르 굴렀다. 요원들의 우주선은 분화구

밖으로 사라졌다. 첨단이는 손으로 우주선을 더듬거리며 안으로 들어가는 문을 찾으려 했다. 바람이 세게 불어 머리카락이 마구 휘날렸다. 소심이는 눈을 제대로 뜰 수 없었다. 그때 첨단이의 손에 문고리같은 것이 만져졌다. 첨단이는 그 고리를 서슴없이 잡아당겼다. 그러자 문이 열리고 우주선 안으로 이어지는 길고 긴 통로가 펼쳐졌다.

“가자.”

첨단이가 소심이를 보며 말했다. 소심이는 마음을 크게 먹으며 고개를 끄덕였다.

아이들이 안으로 들어서서 문을 닫으니 바람 소리도 쥐죽은 듯 사라졌다. 안도의 한숨을 쉰 두 아이는 주위를 두리번거렸다. 우주선의 내부는 끝도 없이 이어진 복도와 방으로 이루어졌다. 마치 거대한 미로 같았다.

“여기 우주선 맞아?”

소심이의 목소리가 고요한 복도를 울렸다.

“우주선이 아니라 엄청나게 큰 건물 안으로 들어온 것 같아.”

첨단이는 빛이 밝게 비치는 환한 복도를 가리키며 말했다.

“저기로 가 보자.”

삐악-

복도를 지나고 있을 때 귀에 익은 소리가 들렸다. 소심이가 귀를 기울이며 말했다.

“병아리 울음소리 같은데?”

삐악 삐악-

첨단이는 소리가 나는 방으로 다가가 문을 열었다. 문이 열리자마자 새들이 푸드득거리며 일제히 날아올랐다. 천장이 높은 방 안은 새들로 가득했다. 땅에는 병아리와 닭들이 있었고, 그 위로 참새부터 두루미 그 외에 열대우림에서만 볼 수 있는 희귀한 새들이 날아다녔다. 짹짹거리는 소리와 삐악거리는 소리, 온갖 새들이 지저귀는 소리에 정신이 하나도 없었다.

"이야, 동물원인가? 엄청나다!"

소심이가 기뻐하며 방 안으로 들어가려고 했다.

"빨리 악당을 찾아야지. 이럴 시간이 없어."

첨단이가 소심이의 팔을 잡아끌었다. 그러자 소심이는 어딘가를 손가락으로 가리켰다.

"잠깐, 저 병아리가 아픈 것 같아."

소심이가 가리키는 곳을 보니 병아리 한 마리가 바닥에서 몸을 떨고 있었다. 소심이는 병아리에게 다가가 조심스레 손바닥 위로 들어 올렸다. 병아리는 여전히 바들바들 떨고 있었다. 소심이는 주위를 두리번거리더니 마른 풀과 바닥에 떨어진 새들의 깃털들을 모았다.

"뭐하는 거야?"

첨단이가 사방으로 날리는 새털을 두 팔로 휘휘 내저으며 말했다.

"어린 병아리는 스스로 체온 조절을 하는 능력이 떨어지니까 체온을 유지할 수 있도록 따뜻하게 해줘야 해."

"아, 그래……?"

"너 동물을 한 번도 안 키워 봤니?"

소심이가 물었다. 그러자 첨단이가 우물쭈물하면서 대답했다.

"친구들이 기르는 건 봤어."

"친구들은 뭘 길렀는데?"

"올챙이나 거북이, 햄스터 같은 작은 동물들. 그런데 동물은 신경 써야 할 게 너무 많아. 기를 장소부터 적당한 온도, 먹이 종류도 다양하고 한눈이라도 팔았다가는 금세 도망가 버리고."

막힘없이 술술 이야기하는 첨단이를 소심이가 의심스러운 눈빛으로 바라보았다.

"친구들 이야기라고 하기엔 굉장히 잘 알고 있는 것 같은데?"

그 말에 첨단이는 중요한 비밀을 들킨 사람처럼 화들짝 놀라며 방을 나섰다.

"자, 잘 알기는! 어쨌든 여기서 빨리 나가자."

"잠깐만 기다려."

소심이는 마른 풀과 새들의 깃털을 모아 둔 곳에 병아리를 안전하게 숨겨 놓고 첨단이를 따라 방을 나섰다.

곤충의 탈바꿈

◎◎◎ 새들이 가득한 방에서 나온 두 아이는 옆방도 열어 보았다. 그 방에는 어미 캥거루가 배에 있는 주머니 안에 아기 캥거루를 담고 있었다. 머리만 빼꼼 내밀고 있는 아기 캥거루를 귀엽게 쳐다보던 첨단이가 소심이에게 물었다.

"캥거루는 새끼를 왜 주머니에 넣고 다니지?"

"대부분의 동물은 세상 밖으로 나오기 전에 어미 몸속에서 충분한 영양분을 공급 받아. 하지만 캥거루는 미처 다 크지 못한 새끼를 낳기 때문에 좀 더 자랄 때까지 어머 캥거루가 주머니에 넣어 젖을 먹이며 키우는 거야. 캥거루 외에도 코알라, 주머니 쥐, 주머니 두더지 같은 동물들이 새끼를 주머니에 넣어 길러."

"오, 너 되게 똑똑하다! 동물의 한살이를 배우면 다 알 수 있는 내용이야?"

"당연하지. 물론 내가 따로 백과사전을 보며 익히기도 했지만 말이야."

소심이가 대답하며 다음 방을 조심스레 열었다.

그르릉-

"으악!"

방문을 여니 그곳에는 사자 무리가 있었다. 갈기가 무성한 수사자가 날카로운 이빨을 드러내고 있었다. 소심이와 첨단이는 재빨리 문을 닫고 쿵쾅거리는 가슴을 진정시켰다.

"이 우주선은 도대체 정체가 뭐야?"

참단이가 겨우 입을 떼어 소심이에게 말했다.

"모르겠어. 저기, 우리 잘못 들어온 거 아닐까?"

소심이가 기어들어가는 목소리로 말했다. 그때 갑자기 사자가 첨단이 옆을 지나갔다.

"으악!"

첨단이는 펄쩍 뛰며 사자에게서 멀어졌다. 소심이는 웃음을 터뜨렸다. 첨단이와 사자 사이에는 커다란 유리창이 있었던 것이다. 민망해진 첨단이는 괜히 유리창 너머에서 어슬렁거리는 사자를 노려보았다. 소심이는 첨단이의 뒤에 서서 말했다.

"창이 있으니 방문은 열지 말고 관찰하는 게 좋겠어."

소심이와 첨단이는 복도를 걸으며 창문을 통해 각종 동물들을 확인했다. 소나 돼지 같은 가축과 낙타, 기린, 원숭이 등 평소 동물원에서나 볼 수 있는 동물들이 잔뜩 있었다.

"정신이 하나도 없네. 도대체 이렇게 많은 동물들을 어떻게 관리하는 거지?"

"분류라도 해 놓지 않았을까?"

소심이는 반짝이는 눈으로 동물들을 구경하며 말했다. 첨단이가 소심이 뒤를 따라 걸으며 물었다.

"분류? 어떻게?"

소심이가 걸음을 멈추고 첨단이를 돌아보았다.

"음, 다양한 기준이 있지. 사는 곳이나 다리의 수, 먹이 종류, 몸 표면의

특징, 몸의 크기 등등. 딱히 정해져 있는 것은 아니야."

"그럼 새랑 호랑이, 그리고 뱀은 다리 수에 따라 분류를 할 수 있겠네? 뱀은 다리가 0개이고 새는 2개, 호랑이는 4개이니까."

"생각보다 똑똑한데?"

"헤헤, 뭐 그 정도 쯤이야."

소심이의 칭찬에 첨단이는 우쭐해 하며 말했다. 소심이는 첨단이의 대답에 보충 설명을 해 주었다.

"몸 표면의 특징에 따라 분류할 수도 있어. 새는 깃털로 덮여 있고, 호랑이는 털로 덮여 있지. 그리고 뱀은 비늘로 덮여 있어."

"아하, 그렇게 분류할 수도 있겠다."

첨단이가 고개를 끄덕였다. 소심이는 복도를 다시 휙 둘러보며 말했다.

"이 우주선에는 지구의 모든 동물이 한 쌍씩 타고 있는 것 같아. 같은 동물이 2마리 밖에 없잖아."

"어, 정말. 그러네?"

"방마다 동물들을 종류대로 한 쌍씩 넣어 두었나 봐."

"잠깐, 여긴 아무 것도 없는데?"

창문 너머에 아무런 동물이 보이지 않자 첨단이가 조심스레 방문을 열었다. 방 안에는 흙더미와 나무와 풀이 가득했다. 소심이가 땅을 내려다보니 흙더미 위에서 개미 떼가 줄지어 열심히 나뭇잎을 운반하고 있었다. 나무 기둥에는 사슴벌레가 붙어 있었다.

"이 방에는 곤충들이 있나 봐!"

다음 방에는 다양한 식물들과 나무들로 가득 차 있었다. 첨단이는 믿기지 않는다는 표정으로 말했다.

"우주 악당들이 왜 이런 짓을 하는 거지?"

소심이는 지구 멸망을 위해 우주 악당들은 무슨 일이든지 한다고 했던 요원들의 이야기가 떠올랐다. 소심이가 첨단이에게 말했다.

"좋은 의도로 지구의 동물과 식물을 실은 게 아닌 것만은 확실해. 우리가 막아야 해."

"무슨 꿍꿍이인거지? 밝혀낼 방법이 없을까?"

소심이가 야무지게 대답했다.

"먼저 개념 큐브를 되찾아야 하지 않을까? 지금 이 상황도 개념 큐브로 악당들이 꾸민 일일지도 몰라."

"여기서 개념을 어떻게 찾아? 요원 아저씨들도 없는데."

첨단이가 입술을 빼죽 내밀었다.

"내가 도와줄게. 우리 아빠는 동물 병원 수의사시고 엄마는 식물원을 운영하시거든. 그래서 나는 동식물에 관해 잘 알아. 네가 개념을 떠올릴 수 있게 도와줄게. 그럼 개념 큐브에 불이 모두 들어올 테고 그 개념으로는 더 이상 바이러스를 만들 수 없지 않을까? 요원 아저씨들이 개념 위치를 찾는 데도 도움이 될 테고 운이 좋으면 개념이 너에게 바로 돌아올지도 몰라. 아저씨들 말로는 개념을 모두 찾으면 큐브 속 개념 원구가 우리에게 돌아온다고 했어."

"뭐, 좋아. 일단 시도해 보자. 장담할 수 없지만 그 방법밖에는 떠오르지 않으니까."

그때 첨단이의 눈에 배추 잎사귀 뒷면에 붙어 꼬물꼬물 번데기 껍질을 벗는 배추흰나비가 들어왔다.

"왜 저렇게 껍질을 벗어야 하는 거야? 귀찮게……. 애벌레에서 바로 나비로 변신하면 될 텐데."

소심이도 첨단이 옆으로 다가가 배추흰나비를 관찰하기 시작했다.

"곤충은 뼈 대신 단단한 피부가 몸 바깥쪽을 감싸고 있어. 그 피부로 몸의 형태를 만들고 몸 안을 보호하는 거지. 그런데 피부 안쪽의 몸이 어느 정도 성장하면 작아진 피부 껍질을 벗어 버려야 해. 이 과정을 탈바꿈이라고 하는 거야."

"뭐? 곤충이 탈이라도 쓰고 있는 거야?

첨단이의 질문에 소심이는 기가 막힌다는 듯 첨단이를 쳐다보았다.

"으이구, 모양이나 형태를 바꾼다는 뜻이야."

"나, 나도 그것쯤은 안다, 뭐. 그냥 말장난 해 본 거라고."

소심이는 첨단이의 과장된 몸짓을 보고 웃음이 나왔다. 하지만 아무렇지도 않은 듯 새침한 표정으로 말을 이었다.

"탈바꿈 과정은 완전 탈바꿈과 불완전 탈바꿈으로 나뉘어. 완전 탈바꿈은 알, 애벌레, 번데기, 성충 4가지 단계를 거치는 과정이야. 지금 보고 있는 배추흰나비가 완전 탈바꿈을 하는 곤충이지. 불완전 탈바꿈은 번데기 과정 대신 여러 번의 허물벗기를 거쳐 성충이 되는 과정을 말해. 잠자리가 불완전 탈바꿈을 해."

첨단이는 고개를 끄덕이며 번데기에서 막 벗어난 배추흰나비가 날개를 말리는 것을 유심히 관찰했다. 집에 돌아가면 배추흰나비를 키우며 탈바꿈 과정을 직접 관찰하고 싶다는 생각이 들었다.

"큐브에 불빛이 자꾸 들어오네?"

개념 큐브 두 개를 옆에 두고 조종을 하던 투팍이 고개를 갸웃거렸다. 화산과 지진에 관한 개념 큐브는 진작 두 개의 면에 빛이 들어와 있었다. 그런데 조금 전부터 동식물에 관한 개념 큐브에도 빛이 하나둘 켜지고 있었다.

"요 녀석들이 개념을 찾고 있나 보군."

투팍은 혼자 중얼거렸다. 하지만 아이들이 개념을 되찾으러 다맹글어 박사의 우주 방주에 몰래 들어왔다는 건 상상도 못할 일이었다.

"그래 봐야 아무 소용없을 걸. 그 전에 지구가 펑 하고 터져 버릴 테니까. 아호호홍홍!"

방정맞게 웃던 투팍은 다맹글어 박사를 보며 물었다.

"자, 이번엔 어디로 가나요?"

한라산에 개념 바이러스를 뿌려 화산 활동을 시작하게 했으니 이제 다른 화산으로 떠날 차례였다. 전 세계에 있는 화산들을 다 활동 상태로 만들어 동시에 터뜨리려는 속셈이었다.

"이번엔 화산과 지진을 동시에 일으킬 수 있는 곳으로 가자."

"그런 곳이 있어요?"

투팍이 묻자 다맹글어 박사는 고개를 끄덕였다.

"있는 정도가 아니라 많지. 지진대와 화산대는 주로 일치하니까."

"지진대랑 화산대는 또 뭐예요?"

투팍의 어리둥절한 표정에 박사는 혀를 끌끌 차며 말했다.

"가르쳐 주는 것도 한두 번이지. 계속 묻는 것도 지겹지 않냐? 이제 공부

좀 하지 그래?"

박사의 타박에 투팍이 투덜거렸다.

"제가 공부할 시간이 어디 있어요? 하루종일 우주선 조종만 했잖아요. 박사님이 믹스 커피도 타 마시고, 낮잠도 자고, 우주선 여기저기 여유롭게 돌아다니는 동안!"

박사는 흠흠 헛기침을 하며 바로 화산대와 지진대에 관해 설명을 해 주었다.

"지진대는 지진이 자주 발생하는 지역을 말하고 화산대는 화산이 자주 발생하는 지역을 말하지. 보통 화산대와 지진대는 일치하는 경우가 많아."

"왜요?

"그야, 화산과 지진이 지구를 둘러싸고 있는 암석층이 약하고 지구 내부의 힘이 집중되는 곳에서 발생하기 때문이지. 대표적인 예로 태평양 바다를 두르고 있는 환태평양 지역과 지중해, 히말라야 산맥 부근을 들 수 있어."

"그럼 어디부터 갈까요?"

투팍은 벌써부터 들뜬 기분이 들었다.

"가장 가까운 곳은 지난 번에 다녀온 일본이야."

"그래요? 그럼 일본으로 출바알~ 아호홍홍!"

구구구궁-

한라산 위로 다맹글어 박사의 우주 방주가 떠오르고 있었다.

개념 정리

완전 탈바꿈과 불완전 탈바꿈

완전 탈바꿈

한살이 과정에서 번데기 단계를 거치는 것
(예) 나비, 모기, 장수풍뎅이 등

불완전 탈바꿈

한살이 과정에서 번데기 단계를 거치지 않는 것
(예) 메뚜기, 잠자리, 매미 등

6장

다시 돌아온 평화

사라진 아이들을 찾아서

◎◎◎ 아작과 메타는 우주선이 사라진 곳을 멍하니 바라보았다. 어찌된 까닭인지 우주선은 첨단이와 소심이만 태우고 그대로 한라산 분화구 속으로 쏙 들어가 버렸다. 요원들은 안절부절하며 분화구에서 눈을 떼지 못했다. 잠시 후 우주선이 안개를 뚫고 다시 나타났다. 다행히 우주선은 요원들과 멀리 떨어지지 않은 한라산 중턱에 착륙했다. 자동 운항 장치가 작동된 모양이었다. 아작이 다행이라는 듯 말했다.

"고물 우주선이라도 저 기능 하나는 확실하군."

아작과 메타는 우주선이 있는 곳으로 뛰어갔다. 그때 갑자기 분화구에서 거대한 우주선이 모습을 드러냈다. 본체 아래에서 만들어 내는 인공 구름에 커다란 몸을 숨기고 있었지만 요원들의 눈을 속일 수는 없었다. 아작이 이마에 손을 얹고 정체불명의 우주선을 관찰했다.

"어떤 정신 나간 외계인이 저렇게 큰 우주선을 타고 지구를 돌아다니는 거야?"

"지구에 있는 외계인이 우리 말고 또 누구겠어?"

"투팍과 다맹글어 박사, 이 녀석들을!"

"정말 못 말리겠네. 지구인들을 얼마나 놀래키려는 거야?"

메타가 양손을 허리춤에 얹고 박사의 우주선을 바라보았다.

"빨리 우리 우주선으로 가자. 아이들이 많이 놀랐을 거야."

요원들은 허겁지겁 우주선으로 향했다.

"애들아!"

아작이 문을 열고 안으로 들어갔지만 우주선 안에는 아무도 없었다. 뒤따라 들어온 메타가 아이들의 이름을 부르며 따라 들어왔다.

"첨단아! 소심아!"

역시 아무런 대답이 없었다. 아작과 메타는 조종석과 택배 상자 더미를 왔다 갔다 하며 부산스럽게 아이들을 찾았다.

"숨바꼭질이라도 하자는 건가?"

하지만 아무런 인기척이 느껴지지 않았다. 아작과 메타는 영문을 모르겠다는 표정으로 서로를 바라보았다.

"도대체 어디 간 거지?"

아이들이 감쪽같이 사라진 것이다. 그때 메타의 얼굴이 갑자기 하얗게 질렸다.

"악당 녀석들에게 잡혀갔나 봐!"

분화구에서 두 개의 우주선이 차례대로 나왔으니 그 안에서 무슨 일이 일어난 게 분명했다. 개념 큐브를 되찾는 건 둘째로 치더라도 두 아이에게 나쁜 일이 일어나는 건 막아야 했다.

"큰일이야. 빨리 구하러 가야 해!"

아작은 허겁지겁 우주선 시동을 켰다. 그리고 거대 우주선이 사라진 방향으로 우주선을 돌렸다.

"이곳이에요?"

투팍이 다맹글어 박사에게 물었다.

"그래. 이곳이 바로 화산과 지진을 동시에 일으킬 수 있는 곳이야. 환태평양 지진대이자 화산대에 속하거든."

다맹글어 박사의 우주 방주는 일본의 후지 산 위에 멈춰 섰다.

"저 밑에 보이는 후지 산은 종종 일본을 대표하는 상징으로 언급되기도 해. 3,776m 높이로 일본에서 가장 높은 산이지. 높이 1,950m인 한라산과 높이 2,750m인 백두산보다도 높아. 그 경관이 매우 아름다워서 유네스코라는 지구의 국제기구에서 세계유산으로 지정했다고 하더군. 화산 폭발 때문에 만들어진 자연 환경이 세계유산으로 등록된 경우가 몇몇 있어. 아까 우리가 다녀온 제주 화산섬, 하와이라는 곳에 있는 화산국립공원이 대표적이지. 화산 폭발은 자연재해라고 불리는데 화산 폭발로 이루어진 자연은 아름답다니……. 재미있지 않나? 뭐, 이제 다 소용없게 되었지만 말이야."

박사가 이야기하는 동안 투팍은 귀를 후비적거리고 있었다. 박사와 함께 다니면 점점 유식한 악당이 되는 것 같아 나쁘지는 않았지만 설명이 길어질수록 잔소리처럼 지루했다.

"네네, 알겠습니다. 어쨌든 난 바이러스만 뿌리면 되니까요."

투팍은 블랙 큐브를 들고 화산과 지진을 일으키는 개념 바이러스를 뿌리기 시작했다. 바이러스가 땅 위로 퍼져 나갔다. 잠시 후 주변의 땅이 금방이라도 지진이 일어날 듯 들썩들썩거렸다. 투팍의 가슴도 덩달아 들썩거렸다.

"요원 녀석들, 우리를 찾아 헤매고 있겠지?"

엉뚱한 곳에서 이리저리 돌아다니고 있을 요원들의 모습을 상상하니 절로 웃음이 터져 나왔다. 다맹글어 박사를 지구로 끌어들인 보람이 이제야 있는 듯 했다.

동쪽으로 사라진 거대 우주선을 좇던 아작과 메타는 일본의 후지 산 근처에 구름이 유난히 뭉쳐 있는 것을 발견했다.

"저기에 숨었군."

아작은 천천히 조종간을 움직여 우주 방주 위쪽으로 갔다.

"우리 우주선으로는 이 커다란 우주선을 공격할 수도 없고 어쩌지?"

아작이 중얼거렸다. 그때 우주 방주의 표면을 뚫어지게 바라보던 메타의 눈이 번쩍하고 빛났다.

"우주선 지붕에 문이 있어!"

"저기로 들어가 보자."

아작이 우주선을 우주 방주 위쪽으로 바짝 붙였다. 그리고 허리춤에서 밧줄을 꺼내 휘휘 돌렸다. 아작이 던진 밧줄은 문고리에 정확히 걸렸다. 그 동안 메타는 우주선을 자동 조종으로 돌려놓았다. 요원들은 밧줄을 타고 우주 방주로 조심스럽게 옮겨 탔다. 문은 제대로 닫혀 있지 않았던 것인지 쉽게 열렸다.

어두운 통로를 지나 우주선 안으로 들어온 요원들은 끝이 보이지 않는 복도와 수많은 방으로 이루어진 내부 구조에 깜짝 놀랐다.

"뭐가 이렇게 복잡해?"

아작은 사용한 밧줄을 다시 돌돌 말아 허리에 장착했다. 메타가 복도를 두리번거리더니 아작에게 조용히 속삭였다.

"번거롭겠지만 방을 하나씩 살펴보는 수밖에 없겠어."

아작이 앞서 걸어가는 메타를 따라갔다. 방에는 각종 동물과 식물이 가득했다. 요원들은 상상을 초월하는 우주 방주의 모습에 눈이 휘둥그레 했다.

"우주 악당 녀석들, 무슨 꿍꿍이인 거지?"

메타의 의심에 아작은 머리를 굴리며 추리를 해 보았다.

"혹시 다른 행성에 팔려고 하는 거 아냐?"

"지구에서 살던 동식물이 다른 행성에서 적응하며 살기는 어려울 텐데."

두 사람은 차례차례 방문을 열며 아이들을 찾았다.

"그나저나 애들은 어디 있는 거야?"

첨단이의 과거

◎◎◎ 아작과 메타가 마지막으로 연 방에 첨단이와 소심이가 있었다. 아작은 아이들이 무사하다는 생각에 울컥하고 눈시울이 뜨거워졌다. 지구 아이들이 이렇게 반갑기는 처음이었다. 메타가 큰 소리로 아이들을 불렀다.

"첨단아! 소심아!"

그제서야 고개를 돌린 아이들의 얼굴에도 반가운 미소가 번졌다. 아작이 눈가에 고인 눈물을 슬쩍 닦으며 아이들에게 말했다.

"무사해서 다행이다. 악당들이 괴롭히진 않았니?"

"악당이요? 여기 악당 우주선 맞는 거죠? 역시 그럴 줄 알았다니까!"

첨단이는 기쁜 웃음을 띠며 소심이를 바라보았다. 소심이 역시 밝은 표정으로 고개를 가볍게 끄덕였다. 메타가 깜짝 놀라 물었다.

"너희들, 악당에게 붙잡혀서 여기로 온 거 아니었어?"

"설마요. 그랬으면 이렇게 무사할리가 없죠."

소심이가 태평하게 말했다. 첨단이가 주먹을 불끈 쥐고 요원들에게 말했다.

“저희도 잠자코 있을 수만 없어서요. 직접 개념 큐브를 찾아야 겠다는 생각에 용기를 낸 거예요.”

아작이 믿을 수 없다는 표정으로 물었다.

“그럼 너희들 스스로 여기까지 온 거야?”

“네!”

첨단이와 소심이는 당당하게 대답했다. 메타는 아이들의 용감한 행동에 깜짝 놀랐다. 지금까지 만난 지구 아이들 중에 가장 배짱이 좋았다. 아작은 사이가 좋아 보이는 아이들을 물끄러미 쳐다보다가 이상하다는 듯 물었다.

“너희들 이제 안 싸워? 내내 아웅다웅하더니?”

“첨단이가 보기보다 용감하더라고요. 첨단이의 도움이 없었다면 이 우주선까지 오지 못했을 거예요.”

“헤헤, 저도 혼자였다면 용기가 나지 않았을 거예요.”

소심이의 칭찬에 첨단이가 쑥스럽다는 듯 머리를 긁적였다. 아작과 메타는 왠지 안심이 되었다. 아이들이 화해했다는 기쁨보다는 이제 아이들의 말다툼에 시달리지 않아도 된다는 안도감 때문이었다.

‘후유, 이제 더 이상 귀를 막지 않고 운전을 해도 되겠군.’

아작이 다행스럽다는 미소를 지었다.

메타는 아이들이 있던 방을 둘러 보았다. 다양한 식물들이 가득했다. 그때 옥수수와 강낭콩 꼬투리가 아작의 눈에 들어왔다.

“저거 먹는 거 아니야? 어디서 본 것 같은데.”

강낭콩 씨앗이 싹 트는 과정

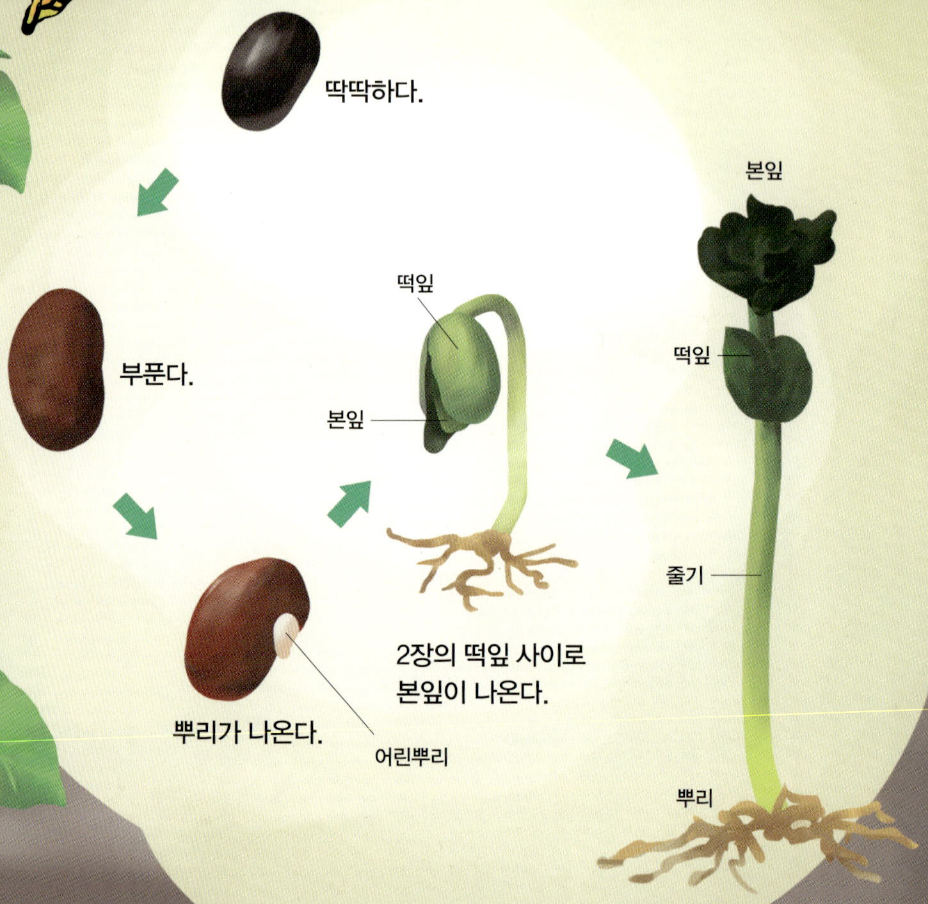

강낭콩과 옥수수 씨앗이 싹 트는 과정은 무엇이 다를까?

강낭콩의 떡잎은 두 장이고 땅 위로 나온다. 반면 옥수수의 떡잎은 씨앗 속에서 양분으로 사용되어 땅 위로 나오지 않는다.

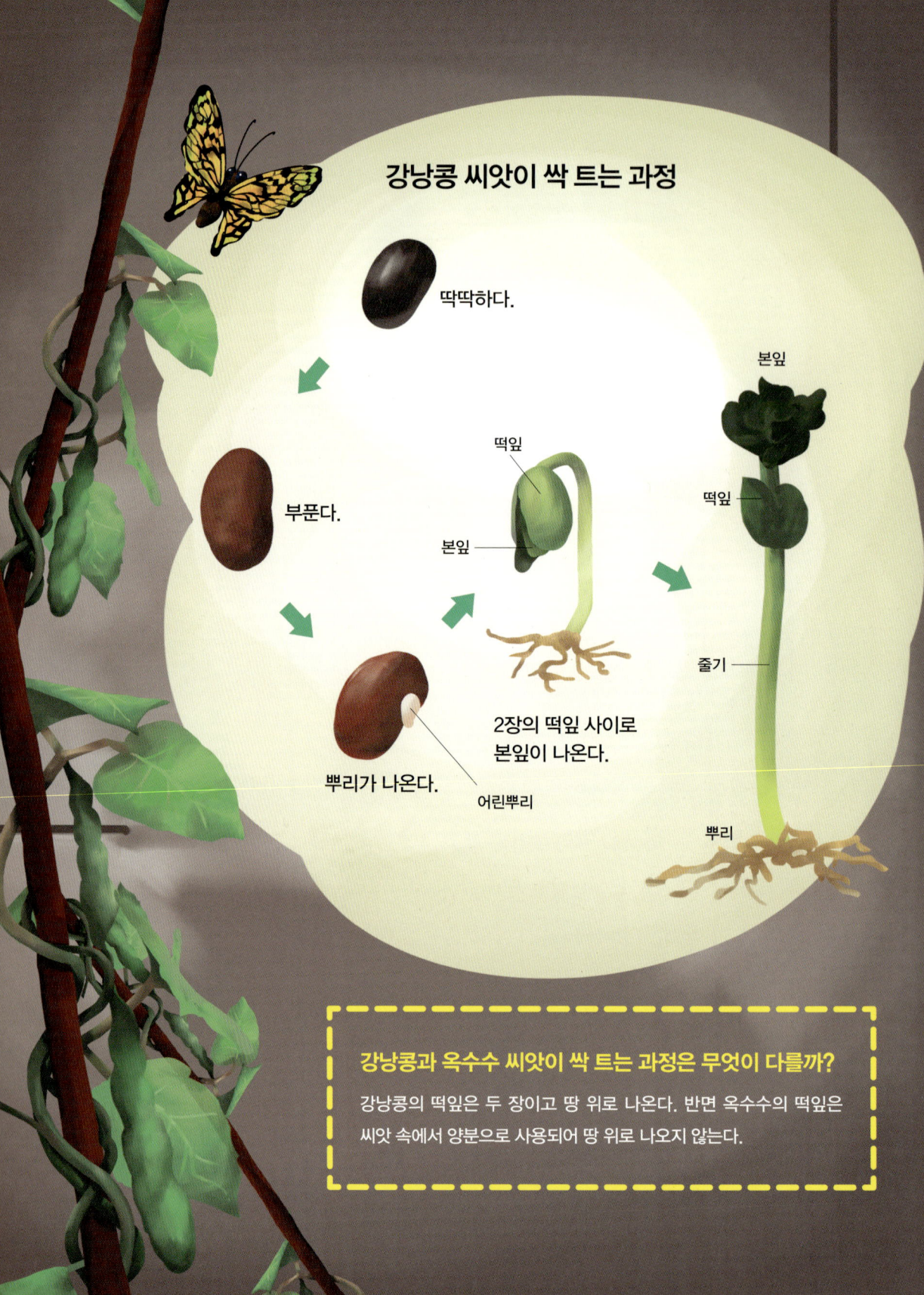

옥수수 씨앗이 싹 트는 과정
딱딱하다.
부푼다.
뿌리가 나온다.
떡잎싸개
뿌리
1장의 떡잎 사이로
본잎이 나온다.
본잎
떡잎싸개
뿌리
떡잎싸개 사이로
본잎이 나온다.

"어휴, 넌 악당 우주선 안에서도 먹을 생각뿐이냐?"

아작은 벌써 입에 침이 한가득 고였다. 웃음을 피식 흘리던 첨단이가 메타에게 말했다.

"그렇지 않아도 강낭콩과 옥수수 이야기를 하고 있었어요."

"그래?"

"네. 소심이는 동물과 식물에 관해서라면 모르는 게 없는 것 같아요. 방금까지 강낭콩과 옥수수가 싹 트는 과정에 관해 알려 줬거든요. 마침 싹이 난 강낭콩이 있길래……."

첨단이가 바닥에 조그맣게 싹을 틔운 강낭콩을 가리키며 말했다.

요원들은 적극적으로 개념을 찾으려는 두 아이를 대견하게 바라보았다.

"소심이가 알려 주니까 머리에 쏙쏙 들어와요. 이제 식물을 시들게 하지 않고 잘 키울 수 있을 것 같아요."

첨단이의 말에 메타가 눈을 가늘게 뜨며 물었다.

"동물하고 식물 따위는 귀찮아서 한 번도 안 키워 봤다며?"

메타의 예리한 질문에 첨단이가 움찔하더니 조심스럽게 입을 열었다.

"사실, 강아지를 길러본 적이 있어요."

"뭐라고?"

일행은 동시에 외쳤다. 첨단이가 예상했던 반응이라는 듯이 차분하게 말을 이었다.

"이름은 포비, 태어난 지 얼마 안 된 귀여운 강아지였어요. 그런데 몇 달 전 함께 산책을 하다가 제가 잠시 한눈을 판 사이에 어디론가 사라졌어요.

신고도 하고 벽보도 붙이고 정말 열심히 찾아다녔는데 결국 찾지 못했어요. 어디선가 길을 헤매고 있을 포비 때문에 마음이 계속 힘들었어요. 학교에서 동물의 한살이를 배우면서 강아지를 예로 드는데 자꾸 포비 생각이 나서 그만……."

"그랬구나."

아작과 메타는 고개를 끄덕이며 첨단이의 말에 계속 귀를 기울였다.

"포비를 찾는데 신경을 쓰다 보니 방에서 키우던 화분에 물 주는 걸 잊어버렸어요. 금세 모두 시들어 버렸죠. 나 때문에 죽어 버린 거예요. 그 즈음 아빠가 스마트폰을 사줬는데 이건 잃어버리거나 고장 난다고 해서 제가 상처 받진 않겠더라고요. 생명이 없는 기계니까."

일행은 왜 첨단이가 개념을 안드로메다로 보냈는지 이해할 수 있었다. 소심이는 첨단이를 감정이 없는 아이라고 놀렸던 게 마음에 걸렸다. 용기를 내어 첨단이에게 사과를 하려는 순간,

쾅!

무언가 부서지는 굉음이 들리더니 무지개 색으로 빛나는 무언가가 날아와 첨단이의 입 안으로 쏙 들어갔다.

"읍읍!"

첨단이는 놀란 눈으로 입 안으로 들어간 무언가를 우물거리더니 꿀꺽 삼켰다.

"제가 지금 무얼 먹은 거예요?"

역시 놀란 눈으로 그 모습을 지켜보던 메타가 물었다.

“맛있지?”

“네, 무척이요!”

첨단이가 상기된 얼굴로 고개를 끄덕였다.

“방금 먹은 게 바로 네가 안드로메다로 보냈던 개념이야. 네가 개념의 필요성을 느끼고 공부하니까 다시 네게로 돌아온거고. 소심이 덕분에 개념을 다 찾았구나. 이제 소심이 것만 찾으면 되겠다.”

메타가 무척 기뻐하며 말했다. 아작은 문에 뚫린 구멍을 바라보며 고개

를 갸웃거렸다.

"그런데 이게 어디서 날아온 거지?"

그 시각 조종석에 있던 투팍은 얼빠진 얼굴로 구멍이 뻥 뚫린 조종석 뒷문을 보고 있었다. 조금 전 개념이 담긴 큐브의 4면에서 빛이 나더니 개념 원구가 튀어 나와 문을 뚫고 어디론가 사라진 것이다. 투팍이 다맹글어 박사를 보며 말했다.

"개념 원구가 어디로 갔는지 확인해야겠어요."

"조금 있으면 화산과 지진이 일어날 텐데?"

두 악당은 방금전까지 전 세계의 화산대과 지진대를 빠르게 오가며 개념 바이러스를 뿌려 두었다. 이제 적당한 시간에 맞춰 동시에 활동하게 하는 일만 남았다.

"금방 다녀올게요. 아까부터 동물 소리가 요란해진 게 아무래도 무슨 일이 생긴 것 같아요."

박사가 고개를 끄덕였다. 그건 박사도 궁금하던 터였다. 동물들이 방에서 탈출이라도 했다면 여간 골치 아픈 일이 아니다.

투팍은 긴 복도와 방 여기저기를 기웃거리며 개념 원구의 행방을 찾았다. 하지만 개념 원구가 지나간 흔적은 보이지 않았다. 그만 포기하고 조종석으로 돌아가려는데 구멍이 뻥 뚫린 방문이 눈에 띄었다.

"요 녀석, 여기로 도망갔구나. 뛰어 봤자

이 투팍 님 손바닥 안이지. 아호호홍홍!"

경망스레 웃으며 방으로 들어가려던 투팍은 두 발이 얼어붙고 말았다. 네 쌍의 번뜩이는 눈동자가 자기를 노려보고 있었던 것이다.

"이제 헛것이 다 보이네. 지구에 와서 눈이 나빠졌나?"

투팍은 눈을 비비고 다시 바라보았다. 네 쌍의 눈동자는 바로 메타와 아작, 첨단이와 소심이의 것이었다. 투팍은 가슴이 철렁 내려앉았지만 능청스럽게 도망가려 했다.

"어? 방을 잘못 찾았나 보네. 그럼 즐거운 시간 되세요."

순간 무언가가 휘리릭 날아와 투팍의 온 몸을 휘감았다. 아작이 던진 밧줄이었다.

"잘 걸렸다, 요 못된 악당 녀석. 제 발로 찾아오다니!"

아작은 밧줄로 투팍의 양 손과 양 다리를 단단히 묶었다. 투팍은 찍소리도 못하고 메타와 아이들 앞에 질질 끌려갔다.

"도대체 무슨 짓을 꾸미는 거야?"

메타가 투팍에게 따져 물었다.

"응? 무슨 짓?"

투팍이 아무것도 모른다는 듯 천연덕스럽게 시치미를 떼자 아작이 흥분하여 주먹을 허공에 휘둘렀다.

"맞아야 정신을 차릴래? 간만에 우주 핵주먹 맛 좀 볼래, 응?"

"자, 잠깐! 진정해 진정. 사실 착한 일을 하고 있었단 말이야. 지구의 동식물 한 쌍씩은 살려 주려고……, 아차!"

투팍은 자신의 말실수를 깨닫고 요원들의 눈치를 살폈지만 때는 이미 늦었다. 메타가 당황하는 투팍을 추궁했다.

"한 쌍씩만 살려 준다고? 그럼 지구에 남은 동물들은 어떻게 되는데? 어서 대답하지 못해?"

"나는 잘 몰라. 다맹글어 박사가 시키는 대로 했을 뿐이야. 그러니까 제발 때리지는 말라고, 응?"

투팍은 서둘러 다맹글어 박사 핑계를 댔다. 메타가 차가운 목소리로 물었다.

"박사는 어디에 있어?"

"저기에."

투팍은 한 치의 망설임 없이 손을 들어 조종석이 있는 방향을 가리켰다.

"앞장 서!"

아작이 협박하는 말투로 투팍에게 으름장을 놓았다. 투팍은 아작에게 맞지 않으려고 순순히 따랐다. 투팍은 요원 일행을 데리고 조종실로 향하면서 언제 탈출할지 생각했다. 전 세계의 화산과 지진이 활동을 시작했으니 머지않아 모두 혼란에 빠질 것이고 그때 얼마든지 도망칠 수 있을 것이다. 투팍은 요원들 몰래 히죽거렸다.

모든 것이 제자리에

◎◎◎ 투팍을 앞세운 요원 일행은 조심스럽게 조종석 문을 열었다. 다맹글어 박사는 쌍안경을 눈에 대고 화산의 분화구 상태를 살펴보고 있었다. 아작이 투팍에게 박사를 부르라고 눈짓으로 신호를 주었다.

"박사님!"

투팍이 어쩔 수 없이 소리쳤다. 하지만 박사는 투팍 쪽을 쳐다보지도 않고 대답했다.

"조용히 해! 펄펄 끓어오르는 용암을 관찰 중이니. 지구의 수명이 이제 얼마 남지 않았군. 으하하!"

요원들이 와 있는 줄도 모르고 다맹글어 박사는 여유롭게 웃고 있었다. 투팍이 다급한 목소리로 다시 한 번 박사의 이름을 불렀다.

"다맹글어 박사님!"

그제야 뒤를 돌아본 박사가 흠칫 놀랐다. 투팍의 양손이 밧줄로 꽁꽁 감겨 있었고 그 뒤에는 요원 일행이 무서운 표정으로 서 있었다. 지구 아이들도 둘이나 있었다.

"저들을 어디서 잡아 왔어? 그것도 넷이나?"

박사는 상황 판단을 하지 못하고 엉뚱하게 물었다. 투팍은 답답한 얼굴로 말했다.

"무슨 말씀이세요. 제가 인질로 잡힌 거라고요."

다맹글어 박사는 놀란 기색도 없이 흘깃 요원들에게 시선을 던졌다.

"걱정 마라. 이제 폭발 직전이니까. 으하하!"

투팍은 기대감으로 한껏 부풀어 올랐다. 드디어 우주 정복의 위대한 한 걸음을 딛게 되는 것이다. 투팍은 신이 나서 지구 다음에 멸망시킬 행성을 벌써부터 머릿속으로 고르고 있었다. 마음이 급해진 아작이 다맹글어 박사를 잡으려고 달려들었지만 박사는 잽싸게 몸을 피했다.

그때 갑자기 우주선이 흔들리면서 모두 중심을 잃고 쓰러졌다. 우주선 아래에 있던 화산에서 갑자기 수증기가 뿜어져 나온 모양이었다. 때마침 조종석 구석에 놓여 있던 박사의 연구 노트가 낱장씩 흩어져 바닥에 떨어졌다. 소심이는 그중 한 장을 집어 들어 읽기 시작했다.

"지진의 세기는 '규모'로 나타낸다. '규모'는 미국의 지진학자 리히터라는 사람이 처음으로 제안한 개념이다. 그래서 지진의 세기를 나타낼 때 '리히터 규모'라고 표현하기도 한다. 규모가 커질수록 지진 피해가 커진다. 지진 피해를 등급으로 나타낸 것이 바로 '진도'이다. 진도는 지진을 경험한 사람들의 인터뷰나 주변 물체가 흔들리는 정도를 관측해 등급을 매긴다……."

그 순간, 조종석 위에 있던 소심이의 개념 큐브에서 빛이 번쩍 하더니 마지막 한쪽 면까지 모두 밝혀졌다. 이내 무지갯빛 동그란 개념 원구가 큐브에서 탁 튀어나와 소심이의 입안을 향해 날아갔다. 첨단이처럼 얼떨결에 개념 원구를 먹은 소심이는 입을 우물거리며 외쳤다.

"우아, 진짜 맛있어!"

"드디어 소심이의 개념도 탑재됐어!"

아작이 기뻐하며 외쳤다. 개념 원구가 본래 주인에게 돌아가자 금방이라도 터질 것 같던 화산 활동이 잦아들었다. 들썩이던 땅이 이내 잠잠해지고 화산에서는 더 이상 연기가 피어오르지 않았다. 요원들과 아이들은 안도의 한숨을 쉬었다.

"아, 안 돼! 다 된 밥에 코를 빠뜨려도 유분수지. 으아악!"

다맹글어 박사는 위대한 지구 멸망 계획이 수포로 돌아가자 화가 치밀어 올랐다. 하지만 투팍이 인질로 잡혀 있는 지금 상황은 매우 불리했다. 아작과 메타는 다맹글어 박사에게 한 발짝 다가섰다.

"다맹글어 박사, 당신도 그만 안드로메다 감옥으로 가시지."

하지만 다맹글어 박사는 분한 표정으로 요원들을 쳐다보며 말했다.

"우주 제일 발명가인 내가 너희들에게 쉽게 잡힐 것 같으냐?"

투팍은 박사에게 마지막 희망을 품었다. 박사의 저 자신만만한 태도를

봐서는 분명히 요원들을 물리칠 비밀 무기나 기발한 탈출 방법이 있는 게 확실했다.

그때 박사는 주머니에서 네모난 기계를 꺼내 버튼을 눌렀다. 그러자 박사가 서 있던 바닥에 갑자기 구멍이 뚫리고 박사는 그 구멍 속으로 빨려 들어갔다.

"엥?"

아작과 메타가 달려가 구멍 아래를 내려다보았다. 박사는 이미 소형 우주선을 타고 있었다.

"지구는 별로 재미가 없구나. 난 핫팩이나 가지고 화성으로 돌아가련다."

박사는 여유 있게 손을 흔들며 구름 너머로 사라졌다. 투팍은 화가 머리끝까지 나서 소리쳤다.

"윽, 날 버려두고 혼자 도망쳐? 이 배신자! 내가 복수할 거야, 두고 보라고!"

아작과 메타은 아깝다는 표정으로 박사의 우주선이 사라지는 것을 바라보다가 투팍에게 다가갔다.

"도망친 박사는 다음에 잡고, 너는 우리와 할 일이 있어."

첨단이와 소심이는 어느새 친한 친구가 되어 있었다.

"방학 때 제주도로 놀러 갈게. 너희 아버지의 동물 병원과 어머니의 식물원에 꼭 가 보고 싶어."

첨단이의 말에 소심이가 빙긋 웃으며 고개를 끄덕였다.

"네가 원한다면 아빠께 강아지 한 마리를 선물로 받을 수 있는지 여쭤 볼게."

첨단이가 메타와의 대화를 떠올리며 대답했다.

"나는 파리지옥을 한번 키워 보고 싶은데. 너희 어머니 식물원에서 얻을 수 있을까?"

"응, 물론이지!"

소심이는 무엇보다 첨단이가 동물과 식물에 대한 애정을 되찾아서 무척 기뻤다. 자신이 조금이나마 도움이 된 것 같아 마음이 뿌듯했다.

"아참 그리고 아까 하려다가 못한 말이 있는데……."

소심이는 망설이다 용기를 내어 말을 꺼냈다.

"감정 없는 아이라고 해서 미안해. 나는 네가 그런 사정이 있는 줄은 몰랐어."

그러자 첨단이도 소심이에게 사과했다.

"나도 외계인이라고 놀려서 미안해. 진심은 아니었어."

아이들의 모습을 훈훈하게 지켜보던 메타가 말했다.

"자, 얘들아 이제 집으로 돌아가야지. 부모님이 걱정하실 거야."

두 아이는 다른 어떤 지구 아이들보다도 아작과 메타와의 이별을 아쉬워했다.

"아저씨, 우리 또 볼 수 있을까요?"

"또 개념을 배달할 일이 있으면 볼 수 있으려나."

아작이 아이들의 태도에 찡한 감동을 받으며 말했다.

"그렇다고 개념을 다시 안드로메다로 보내라는 말은 절대 아니야!"

메타의 다급한 보충 설명에 소심이와 첨단이는 웃음을 터뜨렸다.

"고마워요. 이제 개념을 소중하게 지킬 게요."

소심이와 첨단이를 차례대로 집에 데려다 주며 아작과 메타는 시원섭섭한 느낌이 들었다. 아작이 이마에 송글송글 맺힌 땀을 닦으며 말했다.

"후유, 정말 엄청난 사건이었어."

"이제 무슨 일이 일어나든지 다 해결할 수 있을 것 같은 기분이 드는데?"

요원들은 바다와 강, 산과 들을 돌아다니며 우주 방주에 실었던 동물과 식물을 원래 있던 곳으로 되돌려 놓기 시작했다. 투팍은 나쁜 머리를 쥐어짜며 동물과 식물이 원래 살고 있었던 장소를 기억해 내야 했다. 덕분에 대부분의 동식물이 원위치로 돌아갔고 마지막으로 새들을 하늘로 날려 보내는 일만 남았다.

투팍은 조용히 요원들의 말을 따랐다. 투팍이 순순히 협조하자 아작의 감시가 느슨해졌다. 투팍은 그 틈을 타서 다맹글어 박사의 발명품인 '절대 뒤집어지지 않는 우산'을 쫄쫄이 바지 안에 슬쩍 집어넣었다. 새들을 풀어줄 때 자기도 함께 우주선에서 뛰어내릴 계획이었다.

덜커덩-

드디어 우주 방주의 문이 열렸다. 마지막까지 남아 있던 새들이 날개를 푸드덕거리며 하늘로 날아올랐다. 요원들은 새들에게 손을 흔들며 작별 인사를 했다. 투팍은 이 기회를 놓치지 않고 새들을 따라 문밖으로 뛰어내렸다.

"안 돼!"

뒤에서 아작의 외침이 들렸다.

"안 되긴. 이 투팍에게 불가능이란 없어! 아호호홍홍!"

투팍은 탈출했다는 기쁨에 젖어 크게 웃음을 터뜨렸다. 아작이 우주선에서 멀어지는 투팍을 보며 중얼거렸다.

"아까 여기서 사자 일가족을 내려 줬는데……."

아작의 말을 듣지 못한 투팍은 승리로 벅찬 미소를 띠며 쫄쫄이 바지에서 우산을 꺼내 펼쳤다.

"절대 뒤집어지지 않는 우산이라고 했지? 아호호홍홍!"

거센 모래 바람이 불어오더니 모래가 거칠었는지 우산에 구멍이 하나, 둘 생기더니 이내 넝마처럼 너덜너덜해 졌다. 우산은 뒤집어지지 않았다. 다만 찢어질 뿐이었다.

"으아악!"

투팍은 한 손에 우산을 꼭 잡은 채 추락했다. 우주 방주에서 그 모습을 내려다보던 아작은 투팍의 최후를 바라보며 고개를 저었다.

"차라리 안드로메다의 감옥에 갇히는 게 더 나았을 텐데."

"그러게. 그나저나 이 우주선은 어떻게 처분하지? 타고 다니기엔 너무 큰데 말이야."

메타의 걱정 섞인 말에 아작이 좋은 생각이 떠올라 무릎을 탁 쳤다.

"'이동과 교통수단'이라는 사회 개념을 전달할 때 만났던 할머니 기억나? 이걸 분해해서 고물로 드리면 어때."

"아주 좋은 생각인 걸?"

아작의 말에 메타는 고개를 끄덕이며 소매를 걷어 부쳤다.

"자, 어서 시작하자. 빨리 끝내고 또 개념 배달 가야지!"

"다음에는 어디로 갈까?"

"어디든지! 지구의 모든 아이들이 개념을 되찾을 때까지 우리가 간다! 안드로메다 특수 요원!"

메타는 한 손을 들고 의기양양하게 외쳤다. 아작도 힘차게 무언가 말하려다 배에서 꼬르륵 소리가 나는 바람에 그만 두었다.

"저기……, 우리 저녁 먹고 시작하면 안 될까?"

아작의 말에 메타가 갑자기 떠오른 듯 말했다.

"아참, 그러고 보니 국왕님께 사 드릴 양념 치킨은 어쩌지?"

개념 정리

식물의 한살이 비교하기

봉숭아와 강낭콩

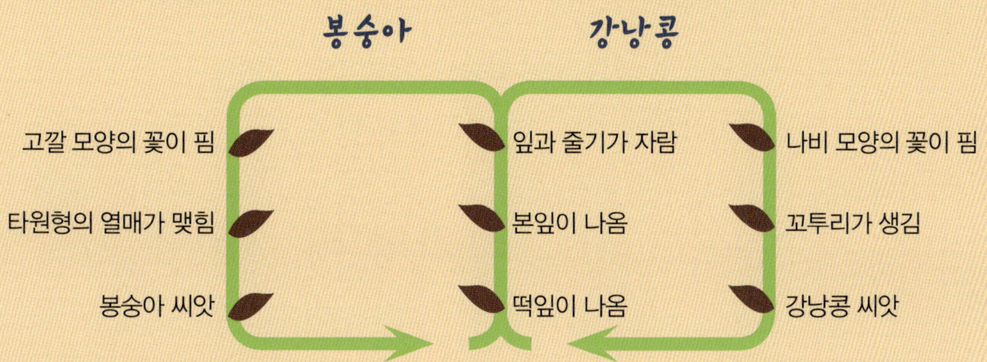

한해살이 식물과 여러해살이 식물

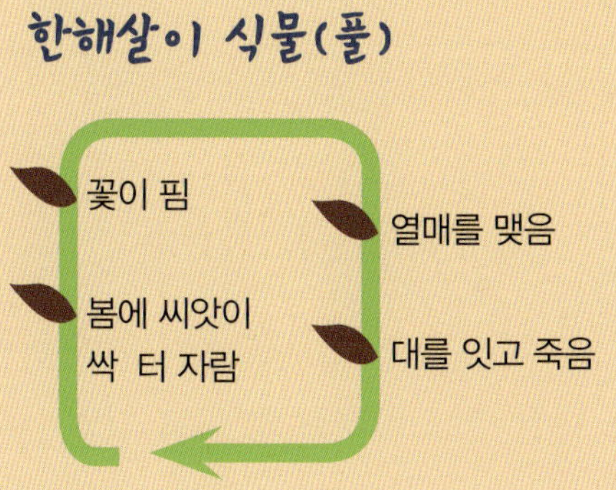

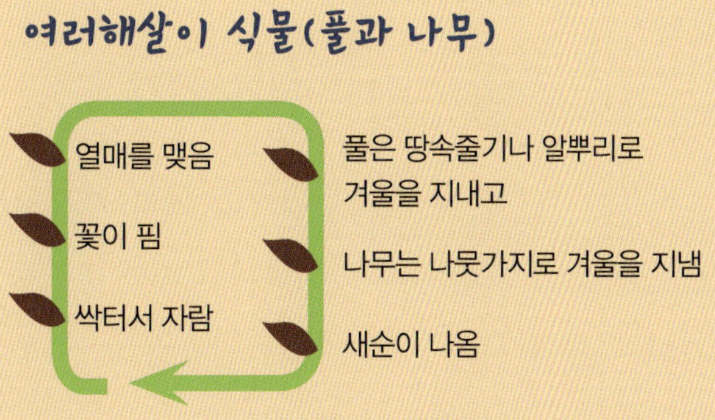

에필로그

화성의 다맹글어 박사의 비밀기지.

원팍은 다맹글어 박사의 연구실에서 발견한 설계도를 펴고 우주선 제작에 한창이었다. 기지 안에 있는 온갖 재료들을 끌어모아 밤잠도 설쳐 가며 만들었다. 목적은 단 하나, 동생 투팍이 있는 지구로 가는 것이었다. 원팍은 뿌듯한 표정으로 완성되어 가는 우주선을 바라보았다.

"이제 조금만 있으면 끝이다. 기다려라. 싸랑하는 동생아~"

그때 하늘에서 요란한 소리가 나더니 우주선 한 대가 날아와 기지 앞에 추락했다. 요란한 소리와 함께 모래 바람이 일었다. 깜짝 놀란 원팍은 뒤뚱거리며 달려갔다. 잠시 후 문이 열리더니 박사가 초췌한 몰골로 나왔다.

"아니, 박사님?"

원팍이 달려가 부축했다. 그런데 동생 투팍이 보이지 않았다.

"제 동생 투팍은 어디 있어요?"

그러자 박사는 무관심하게 대답했다.

"글쎄, 아마 지구에 있을 거다. 비밀 무기가 있으니 죽지는 않았겠지."

그 시각 아프리카 고원 지대로 떨어진 투팍은 야밤에 달리기를 하고 있었다. 찢어진 우산을 옆구리에 낀 채 다리가 안 보일 정도로 빠르게 뛰고 있었다. 목숨이 걸린 질주였다. 투팍의 뒤를 한 무리의 사자 떼가 바짝 쫓고 있었던 것이다. 사자 밥이 되기 직전이었다.

마침 가까운 곳에 커다란 나무가 보였다. 투팍은 마지막 남은 힘을 짜내 나무 위로 허겁지겁 올라갔다. 사자 떼는 으르렁거리며 나무 주위를 맴돌았다.

"후유, 살았다!"

한숨을 돌린 투팍의 눈에 반짝이는 별들이 보였다. 저 많은 별 중에 원팍 형이 있는 화성도 있을 것이라고 생각하니 서러움이 복받쳤다. 투팍은 두 팔을 벌려 외쳤다.

"원팍 형, 보고 싶어! 나 좀 구하러 와 줘!"

초등 과학 교과 연계표

1장 화산과 지진은 너무 무서워

4-2-4. 화산과 지진

2장 화산이 나쁜 것만은 아니야!

4-2-4. 화산과 지진

3장 화산의 모양은 가지가지

3-2-2. 동물의 세계

4-2-4. 화산과 지진

4장 동물의 세계

3-2-2. 동물의 세계

4-2-4. 화산과 지진

5장 동물과 식물이 사는 법

3-1-3. 동물의 한살이

6장 다시 돌아온 평화

4-2-4. 화산과 지진